3

당신이 모르는 그곳, 제천

우리는 '부'를 이루기 위해, 혹은 어떤 목표를 위해 건강을 쉽게 희생합니다. 밤을 새고, 몸을 혹사하며 일하기도 하고, 식사를 걸러가며 무리한 다이어트를 하는 이들도 많습니다. 하지만 반드시 알아두어야 할 것이 있습니다. 가까운 미래에, 평생 모은 재산을 건강을 되찾기 위해 사용하게 될 수도 있습니다.
'이 병만 고칠 수 있다면 돈은 문제가 아니다.' 심지어 '단 하루의 건강한 삶을 위해서 전 재산을 바칠 수 있겠다.' 그런 마음까지 든다고 합니다. 아파 본 이들은 공감하실 것입니다.
요즘들어 자주, 삶의 진정한 가치에 대해 생각합니다. 매일 웃고, 서로 사랑하고, 행복해야 합니다. 여행만큼 아름다운 것을 자주 마주치게 하고, 여행만큼 당신을 웃게 하고, 행복하게 하는 것이 또 있을까요? 여행이 우리 삶에 꼭 필요한 이유입니다. '여행과 건강', 특히 정신 건강이라는 측면에서 본다면 제천은 요즘 같은 시대에 딱 어울리는 여행지가 아닐까 생각합니다.

제천은 눈을 들면 파란 호수와 산과 계곡이 시원하게 펼쳐지는 곳입니다. 게다가 아주 특별한 것이 있습니다. '팜투테이블(Farm to table)'이 일상인 건강 밥상입니다.
그렇습니다. 제천에서 우리는 곤드레와 하얀민들레 솥밥을 먹었습니다. 당귀, 황기를 우려낸 물로 윤기 도는 밥이었지요. 뽕잎과 비트, 돼지감자 장아찌 반찬을 놓고, 텃밭 쌈채를 수북이 올리고, 눈을 들면 온통 콩이 자라는 마을에서 새벽에 만든 뽀얀 두부를 연신 '맛있다! 맛있다.' 감탄하며 먹었습니다. 식사 때마다 행복했습니다.
'미식도시 제천'은 좋은 것을 먹고, 누리고, 좋은 생각을 하기에 충분한 곳입니다.

〈당신이 모르는 그곳, 제천〉을 통해 어쩌면 당신은 제천이란 곳을 새로운 눈으로 바라 보게 될지 모르겠습니다. 천천히 머물다 가세요. 낯선 곳의 밤과 새벽, 아침시간을 경험하는 것은 마법입니다. 정성스럽게 준비하고, 시간을 들여 천천히 여행한다면 '당신이 모르는 그곳'이라는 신세계가 펼쳐질 것입니다.
저의 바램은 이 도시를 통해 내 나라를 깊이 들여다보고, 이 도시를 통해 내 나라 구석구석으로 여러분의 호기심이 확장되는 것입니다. 가까이 있기에 제대로 보지 못했던 곳, 먼 곳을 바라보느라 미처 발견하지 못했던 내 나라의 아름다움을 제천을 통해 재발견하시기 바랍니다.

제천에서 맛있는 음식 많이 드시고, 행복하세요.

조은영 편집장

M O V E　O F F

[움직이기 시작하다]

O N　T H E　M O V E

[마음껏 돌아다니다]

DIRECTORY

[여행의 작은 사전]

MOVE ON

[그리고 또 다른 이야기들]

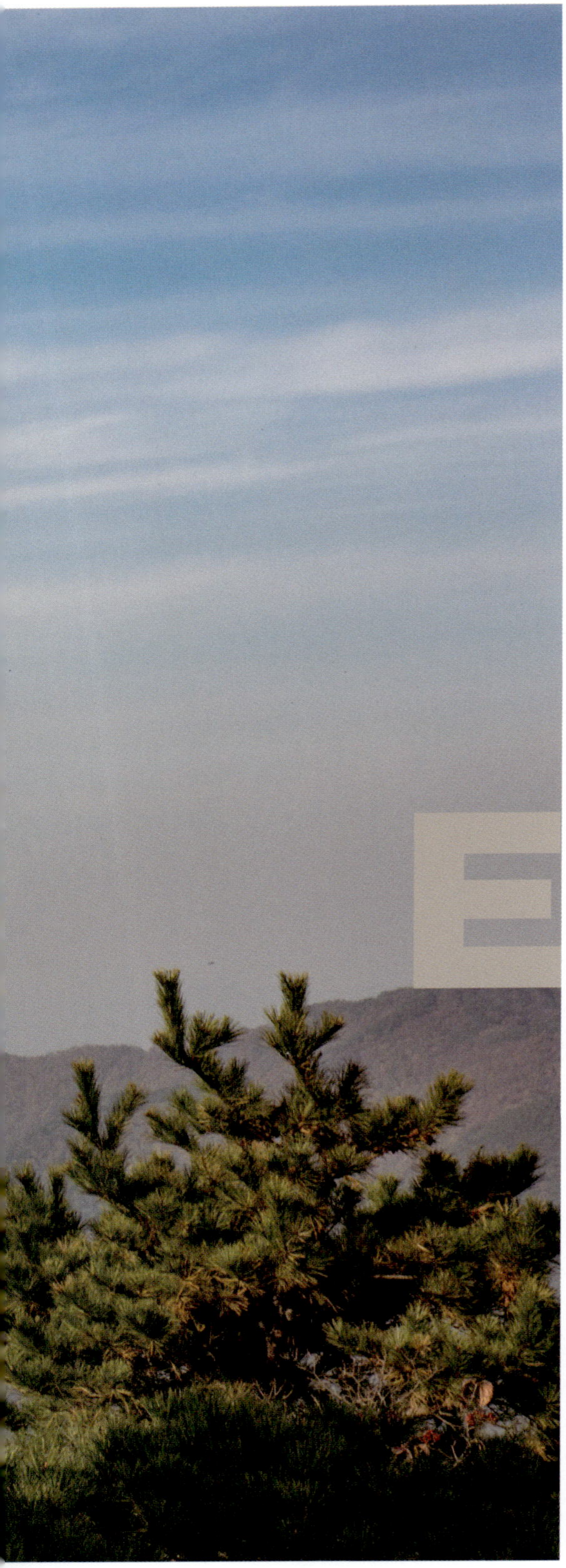

MOVE OFF

[움직이기 시작하다]

My Favorites of the City

제천, '나의 가장 나종 지니인' 곳

긴 시간을 한 곳에 깊이 머물며 글을 쓰는 작가가 있습니다. 어쩌면 토박이보다 그 곳을 더 잘 알고, 그 도시에 대해 남모를 애정이 있을지 모릅니다. 한때 제천에 머무르며 반 제천 사람으로 살았던 정원선 작가가 개인적으로 꼽은 풍경들이 궁금했습니다.

© 제천DB

제천이라는 도시를 지도로 살펴보자면, 그곳을 둘러싸고 있는 지역이 꽤나 익숙하다는 걸 곧 깨닫게 됩니다. 동쪽의 영월, 서편의 충주, 북향의 원주, 해 뜨는 방면의 단양……. 하나같이 물색이 수려하기로 이름난 곳들이라 그 가운데 제천은 깨금발을 하고 형들과 억지로 키를 맞추는 왜소한 동생처럼 느껴집니다. 특징이 딱히 떠오르지 않고, 꼽아볼 만한 명소도 갸웃갸웃하며, 그래서 지나쳐도 무방한 교외 같습니다. 왜 아니겠습니까, 몇 년 전까지 저도 그랬는걸요. 슝, 하고 승용차나 기차로 제천을 그저 스쳐가며 지명을 무덤덤하게 힐끗거리던 기억이 생생합니다. 고만고만한 소도시겠지. 그닥 궁금하지 않았던 것 같네요.

그런 선입견이 아주 틀렸다고만 할 수는 없을 겁니다. 유명한 명소들은 실제로 이웃 도시에 더 많으니까요. 게다가 그곳들은 번듯한 호텔 혹은 리조트를 끼고 있고, 주차장이 완비된 고급 식당과 우아한 카페들까지 구비하고 있어 여러모로 편리합니다. 쉽고 간단하게 원스톱으로 모든 게 해결된다고나 할까요. 그야말로 고민할 필요 없이 그저 즐기기에는 최적의 장소라고 판단됩니다. 이제 여행은 그런 일이지요. 출발에서부터 경유, 도착, 체류까지의 전 과정이 대충 상상되는 것. 새롭게 경험하거나 특별히 놀랄 일 따위는 거의 없는 것.

실제로 제천은 다른 여행지와 비교해 보면 꽤나 불편하고 세련되지 못한 도시입니다. 면적은 넓은데 대부분 강파른 산악 지형이고, 마을은 띄엄띄엄 구릉 아래 흩어져 있습니다. 인구(2020년 기준 13만 명)는 적다고만 할 수 없는 편이지만 도심에 거의 집중되어 있어 영향권을 벗어나면 사람 코빼기도 보기 어렵습니다. 농촌에 기반을 둔 도농복합도시라 저녁 8시가 넘으면 시내 중심가에서조차 인적이 드물어집니다. 가게들이 문을 일찍 닫는다는 얘기지요. 그야말로 시골마을, 이라고 해야 할까요.그래서겠지만, 사람들은 일단 제천을 잘 모릅니다. 알려고 들지 않아요. 그리고 아는 사람들 중에서도 호불호는 크게 갈립니다. 호기심을 갖고 깊이 들여다보려는 이들이 많지 않습니다. 이유는 분명합니다. 도시 같지 않으니까, 불편하니까, 그쪽의 시공간이, 습속이, 문화가, 무언가 다르니까요.

그렇습니다. 제천은 일반 도회지와는 비교할 수 없는 깡촌이며, 인접한 관광 도시들에도 한참이나 못 미치는 투박한 벽지입니다. 그런데 말이죠, 제천의 가장 좋은 점은 바로 거기에 있습니다. 이웃에 크고 유명한 도시들이 있고, 그래서 굳이 제천까지 속속들이 개발할 필요는 없었다는 점. 때로는 그로 인해 집단 이주의 아픔을 겪기도 했으나, 덕분에 풍경과 문물을 비교적 고스란히 간직할 수 있었다는 점.

그리하여, 제천은 의림지나 점말동굴을 비롯해 몇 천 년을 지켜온 유서 깊은 장소들이 여전히 생동하고 있으며, 경계를 이루는 뾰족한 산들은 마음 가는 대로 한껏 굽이치면서 골짜기마다 수려한 폐곡선을 그려냅니다. 야생버섯처럼 곳곳에 울쑥불쑥 돋아난 마을은 저마다 인상 깊은 설화를 품고 있어 알면 알수록 점점 더 애틋해지는 데가 있다고나 할까요. 게다가, 관란정, 배론성지, 덕수산성, 자양영당처럼 비극의 생채기가 뚜렷한 유적지들도 아낌없이 거느리고 있습니다.

다만, 성가실 뿐입니다. 호안선(청풍호수변)을 따라 이리저리 휘어지는 도로를 미끄러지며, 때로는 벼랑 끝 절간(정방사)으로 솟아오르는 산중로를 타고, 가끔은 끊어진 길 이편에 차를 놓아두고 좁다란 샛길을 허위허위 밟아가야 하는 일들이. 하지만 그곳들은 하나같이 약속이라도 하듯 지상에서는 만나지 못할 풍광들이 가득하여서 와중에 흘러내린 진땀들을 씻어준다면 어떠실까요. 훼손되지 않은 장소와 무너지지 않은 한때, 당신이 그곳을 찾아가지 않을 도리가 있겠습니까.

제천에는 그런 곳이 있습니다. 딱히 이름 붙은 명승지도 아닌데, 낡은 다리 아래 명랑한 음색으로 마을을 느릿느릿 핥아 가는 개울, 고릿적 저수지에 어리는 산의 푸른색 그림자, 절벽에 새긴 부처의 미소를 돋을새김하는 해거름의 따스한 빛살, 고집스런 선비의 묘소로 올라가는 비탈길에 쌀알처럼 곱게 빗질 된 눈들, 인적 없는 구석기 굴 마당에 드리는 깊고 오래된 적요, 폐사지 외로운 석탑 자리한 곳에 차오르는 개구리들 울음소리, 논밭 가운데 천 년을 버티고 선 미륵 한 쌍을 어루만지는 살뜰한 바람……

과장이라고, 지나친 찬사라고 생각하실 분이 많을 겁니다. 제가 다시 강변하기보다는, 속는 셈 치고 한번 들러나 보시라고 권하고 싶습니다. 시(市)에서 등재한 제천 10경도 충분히 아름답지만, 사실 저는 그곳들에 닿기 위해 그저 지나던 길들에서 종종 차를 멈췄습니다. 그러지 않을 수가 없었으니까요. 풍경은 제천이 가진 가장 큰 자산이기도 합니다. 제천은 누구에게나 아낌없이 풍경을 선사합니다. 그건 아무리 나눠주더라도 절대 고갈되지 않는 무엇인 까닭에.

그래서 저는, 제가 사랑한 도시 가운데 가장 늦게 제 마음에 들어온 도시라고 생각합니다. 도시적으로 화장하지 않은 순박한 아름다움에 저 역시 뒤늦게 매료되었다고. 소설가 박완서 선생님 식으로 말하자면, '가장 나중 지니인' 곳이라고 말입니다. 장담하건대 당신도 마찬가지일 겁니다. 내기를 걸어도 좋아요.

끝으로 심중에 꼭꼭 감춰둔 저만의 제천 '최애' 4경을 소개합니다. 딱히 계절을 가리지는 않습니다만, 제가 적어둔 계절에 방문하신다면 더욱 함초롬하겠지요.

01

봄과 가을

솔밭공원에서 의림지 샛길을 거쳐 시내까지 이르는 오솔길

세명대 입구의 솔밭공원(제천시 모산동 65-1 충령각 부근)에서 의림지까지 가는 길은 제천 주민들의 손꼽히는 데이트 코스입니다. 한적하지만 밀밀한 그 길을 지나, 시(市)에서 지정한 제천 1경이기도 한 의림지를 한 바퀴 돌고, 경호루와 영호정 사이에 제천역(혹은 제천터미널) 방향으로 난 걷기 좋은 샛길이 있습니다. 그 길을 따라 딸기밭 하우스까지 30여 분 길을 내키는 대로 걸어보시길 추천합니다. 평화로우면서도 청아한 오솔길이거든요. 제가 제천을 들를 때마다 빠지지 않고 들르는 저의 숨은 제1경입니다. 충청도를 가리키는 말 호서(湖西)의 앞글자 호수 호(湖)는 의림지를 가리키는 말입니다. 그러니까, 충청도는 의림지의 서쪽이라는 뜻이지요. 기원전까지 거슬러 올라가는 깊은 연원을 가진 크고 아름다운 물가인 의림지는 단순히 조경을 위해 축조된 것이 아니라 근방의 모든 생명들을 기르고 먹이는 농업용 저수지였습니다. 물이 흐르는 농수로를 따라 난 그 샛길은 의림지가 가진 풍요로움이 단순한 옛이야기가 아니라 오늘에까지 계속되고 있음을 확인하는 대동맥 같은 답사로이기도 합니다. 길가에는 키 큰 나무들이 속속 솟아나고, 꽃들은 철마다 피어나며, 큰 새들은 자주 논두렁을 찾아옵니다. 오래된 풍경은 복고라서가 아니라 그 자체로 근사한 풍경이지요. 그러나 더 이상 보기 힘들어진 자취이기도 합니다. 의림지 샛길에는 복원이 필요 없이 완벽한 순환이 고스란히 남아 있습니다. 놓치지 마시길 바랍니다. 여름에는 무척 더우니까 가급적 방문을 피하시구요.

02

봄

상천 산수유마을

꽃으로 유명세를 얻은 관광용 마을들은 많지요. 그러나 상천 산수유마을은 관광지가 아닙니다. 변함없이 주민들이 소 키우고 농사짓는 마을에 작고 여린 산수유 꽃이 무장무장 피어납니다. 그 노오란 꽃들이 온 사방을 색칠하듯이 번져갈 적에 버스정류장이기도 한 상천휴게소(수산면 상천리 722-1)에서부터 마을회관 옆 소나무공원을 끼고 상천리로 들어서는 길은 마치 이 세상의 장소가 아닌 것 같은 착각을 불러일으킵니다. 그 마을 길은 금수산 용담폭포에 이르는 등산로이기도 한데, 따라서 계절을 가릴 필요 없이 사철 빼어난 곳이지만, 매년 4월 초순 산수유 꽃 가득한 마을의 풍취를 당할 수는 없다고 생각합니다. 저는 언젠가 그 마을에서 사는 제 자신을 꿈꾸고 있기도 해요. 굳이 보여주기 용으로 동네를 치장하지 않는 것이 훨씬 더 자연스럽고 어여쁘다는 걸 당신도 실감할 수 있을 겁니다. 쓰지 않아 반쯤 무너진 담배창고, 사람을 바라보는 눈매가 보드라운 소들의 음메 소리, 낯선 이들을 반기고 엉기는 강아지들까지 상천리 산수유마을은 거짓말처럼 목가적입니다. 부디 쓰레기를 버리거나 큰 소리로 폐 끼치지 않고 이 살뜻한 마을을 누벼보시길 바랍니다.

03
사계절

덕동생태숲

제천시 백운면 덕동리 산 90-1에 자리한 크넓은 수풀인 덕동생태숲은 제천과 원주의 경계에 자리 잡고 있어 상대적으로 양쪽 주민들의 관심을 덜 받는 곳입니다. 그래서 더 호젓하게 산의 정기를 여실히 누릴 수 있는 장소이기도 하지요. 충청도에서 관리하는 덕동숲은 탐방로를 아주 깔끔하게 관리하고 있어 남녀노소 누구나 편하게 트레킹할 수 있는 곳입니다. 평일은 물론이고 주말에도 방문객이 많지 않아 한낮의 산책에서도 다른 방문자와 마주치는 일이 흔하지 않은 곳이기도 해요. 초목이 울창해 눈이 시원해지고요. 피톤치트가 쏟아져 코까지 황송해집니다. 자연히 새들도 많으니 귀까지 흥겨워지네요. 30분 코스, 1시간 코스, 그 이상 코스 등 여러 트랙이 있으니 부담없이 가보셔도 좋습니다. 숲이 껴안고 있는 덕동 계곡은 맑고 차가워서 여름날의 피서로서도 으뜸입니다.

04
겨울

봉양역에서 백운면사무소를 지나 원서문학관을 거쳐 공전역 가는 길

봉양역에서 38번 국도를 타고 박달재 자연휴양림(겨울 숙박지로는 이곳을 강추합니다. 눈으로 가득한 설국에서 주무실 수 있어요! 비용도 저렴한 편)을 지나 백운면사무소, 다시 꼬부랑길로 원서문학관을 거쳐 공전역 가는 옛도로를 겨울철에 드라이브해 보시길 권합니다. 제천은 춥고 눈이 많이 내리는 '겨울 왕국'으로도 잘 알려져 있는데, 원서천과 주포천을 따라 난 이 길은 그야말로 겨울과 딱 맞아 떨어지는 그야말로 오래전 신작로라 일종의 시간여행 같은 경험을 선사합니다. 이 시가 딱 어울리는 경관이라고나 할까요.

행복할 일이 많지 않은 요즘입니다.
저처럼 제천에서 여러분도 지복하시길 빕니다.

Writer 정원선 〈제천, 스물두 개의 아스피린〉 저자
Photo 제천 DB

눈길을 간다.
눈길을 가면 닿는 마을.
외벽에 씨옥수수 매달려 있는 농가.
대추처럼 늙은 할머니가 개에게 줄
김이 모락모락 나는 밥그릇을
들고 나온다.
아이들이 만들어놓은 눈사람이
추억의 우체통처럼 담벼락에 붙어 있다.
이빨 빠진 일곱 살배기 아이에게 갖다 줄
새 이빨 같은 햇살 물고
때까치가 날아간다.
성탄절 교회당 뾰족탑 같은 나무들.
들판은 어머니 품에 들 듯 낮게 엎드리고
따뜻한 연기가 몽실몽실 솟는 굴뚝.
밥풀처럼 빰에 눈이 묻은 개가
괜히 가슴 설레어 컹컹컹 짖어댄다.
어느 집에선가 하얀 새알심을 넣어 팥죽 끓이는 소리.
그 팥죽 절절절 끓는 소리로
하늘에 눈길을 내며
기러기들이 날아간다.
모성의 해는 햇살 한 올 한 올로
나무들이 입을 털옷을 짠다.
여울목에 내린 눈은
작은 물고기의 여린 살과 피를 감싸줄
은빛 비늘이 되었으리라.
나는 눈을 둥글게 뭉친다.
영혼이 맑은 사람들이 먹은 밀떡처럼
하얗게 뭉쳐진 눈뭉치.
눈이 시리게 시퍼런 하늘을 향해
나는 힘껏 눈뭉치를 던진다.

– 이준관 시 〈눈길을 가면 닿는 마을〉 전문

© 제천DB

Warming Up

여행의 예습

제천에 가기 전, 알아두세요.

입지 Geography

산과 호반이 어우러진 아름다운 산악도시

제천은 청주, 충주에 이은 충북 제 3의 도시다. 행정구역 상으로는 충북 동북부에 위치하지만 북쪽으로 원주, 영월과 접하고 있어 강원도의 느낌이 강하고 실제 생활권은 원주와 비슷하다. 서쪽으로 충주, 동쪽으로 단양, 북쪽으로 원주, 영월, 남동쪽으로 경상북도 문경시와 접한다. 영월과 단양 및 평창군 남부쪽과 문화적 동질성이 있어 언어가 유사하다.

인구와 면적 Population and Size

서울의 1.5배

2025년 기준으로 제천시의 인구는 12만8천여 명, 면적은 882.47㎢이다. 서울의 자치구 중 서대문구(약 128,000명)와 인구가 비슷하지만 면적은 거의 50배 차이가 난다. 참고로 서울 면적은 605.2㎢, 서대문구의 면적은 17.61㎢이다. 인구의 대부분은 시내 지역에 분포하고 있는데, 이유는 시내 지역 이외에는 평야가 거의 없기 때문이다. 행정 구분은 1읍 7면 9동이다.

지형 Geography

청풍호의 도시

백두대간의 허리쯤에서 분지형태로 자리잡은 제천은 산이 차지하고 있는 면적이 시 전체의 70%에 달한다. 월악산 국립공원을 비롯해 250여 개의 크고 작은 산들이 도시를 휘감고 있다. '호서 지역'의 연원이 되는 의림지가 시내에서 가까이 위치하며 내륙의 바다라 불리는 청풍호가 있는 도시로도 잘 알려져 있다. 청풍호는 충주댐과 함께 1978년 착공해 1985년 10월 완공된 인공호수다. 충주댐 저수 면적의 30%는 충주시에 속해있고, 59%는 제천, 11%는 단양에 속한다. 호수는 제천시에 속하는 면적이 가장 넓어 제천에선 청풍호라 부르고 충주 지역에서는 충주호라 부른다. 도시는 평균 해발고도 300미터 상에 위치해 서울보다 위치는 더 남쪽이지만 봄은 일주일 즈음 늦는다. 전국에서 가장 추운 곳으로 철원과 함께 뉴스에 자주 오르내린다.

교통 Transportation

수도권 1시간 대

제천은 중앙선, 태백선, 충북선의 교차점으로 강원도, 충청북도, 경상북도로 향하는 철도 교통의 요지다. 영월, 정선, 태백, 삼척 등지에서 생산된 광물들이 태백선을 통해 서울로 수송되면서 1970~80년대 제천은 태백권 관문도시로 성장했다. 또한 시멘트 주산지가 제천 · 단양에 분포해 물류 운송의 중심지 역할을 담당해 왔다.

현재 청량리~제천 구간은 KTX-이음으로 약 1시간 5~17분 소요되며, 무궁화호 · ITX는 1시간 50분 정도 걸린다.

버스는 평균 2시간 이상 소요된다. 1941년 문을 연 제천역은 2020년 말 중앙선 복선전철 개통과 함께 깔끔하게 새단장을 했다.

역사 History

삼한시대부터의 역사

제천은 진한의 발상지로서, 4세기 초엔 백제의 영토였다가 5세기 중엽 고구려가 차지하면서 내토(奈吐)라 불렸다. 이후 내제(奈堤), 제주(堤州)라고 불리다가 제천(堤川)이라는 현재의 지명은 조선 왕조 3대 태종 때 확정된 것이다. 이후 1980년 시로 승격되면서 제천군과 제천읍을 제외한 지역은 제원(堤原)이라는 지명으로 변경되었다가 1991년에 다시 제천군으로 환원되어졌고 1995년 제천 시군이 통합되면서 현재까지 이르고 있다. 농업과 광업이 중심이던 제천은 1985년 청풍호가 생기면서 관광도시로 변모하기 시작했다.

주요인물 People

현대

스포츠

제천 출신 또는 제천과 관련있는 체육인부터 보면 산악인 허영호, 탐험가 최종열, 2016 올림픽 금메달리스트 김소희 태권도 선수가 있다.

연예, 엔터테인먼트

개그맨 임하룡, 정종철, 최양락, 가수 겸 배우 엄정화와 엄태웅 남매, 배우 한예리, MC스나이퍼, 팬텀 멤버인 산체스, 간디학교 학생들로 구성된 밴드 새소년 등 다수.

작가.예술가

제천 출신 작가로는 이병률, 1세대 인터넷 소설작가 귀여니, 시인 오탁번 등이 있다. 소설가 김진명, 판화가 이철수는 제천 태생은 아니지만 현재 제천에 집필실을 두고 작업 중이다.

근대/ 의병들

제천은 을미의병 창의의 중심지로, 전국 의병운동의 도화선이 된 곳이다.

유인석(1842~1915)

명망 높은 유학자이자 전기 의병운동에 있어서 가장 기세를 떨친 의병장이다. 1895년 을미사변으로 국모가 시해되고 단발령이 시행되자 그해 그를 대장으로 하는 제천 의병진, 호좌의진(湖 左 義 陣) 부대가 편성되어 하나로 뭉쳐 싸웠다. 의병 해체 후에도 1909년 블라디보스토크에서 10도의군 도총재로 추대되는 등 활동을 이어갔고 독립 운동을 계속하다가 1915년 74세를 일기로 세상을 떠났다.

이강년(1858~1908)

1907년에 고종의 강제퇴위와 군대해산을 즈음하여 윤기영 등과 함께 의병을 크게 일으킨 이강년은 제천으로 몰려든 여러 의진과 함께 제천 천남에서 일본군을 크게 무찔렀으며 이후 호좌의진을 재건하여 대장의 자리에 오르기도 했다.이후 일제의 탄압아래 교수형에 처해진다.

堤川 第1景

<u>우덕순(1879~1950)</u>
제천 출신의 독립운동가, 정치인이다. 1904년 블라디보스토크로 건너가 안중근, 이범윤 등과 교류하며 1909년 안중근과 함께 이토 히로부미 암살을 모의하였다. 하얼빈 사건 당시 공범으로 체포되어 3년간 옥고를 치렀으며, 이후 중국 흑룡강성에서 한인민단 위원장으로 활동하며 동포 귀환을 돕는 등 독립운동을 이어갔다. 광복 이후에도 중국에서 활동하다가 1950년에 생을 마쳤다.

<u>이소응(1850~1907)</u>
화서학파의 정신을 이어받아 유인석과 함께 창의. 제천 의병의 조직과 학문적 기반을 마련한 인물이다.

<u>김화식(1866~1923)</u>
제천 출신, 1895년 을미사변과 단발령을 즈음하여 유인석의 창의에 참여한 김화식은 만주로 건너가 유인석과 함께 의병 문서를 정리하였다. 『소의신편』을 편찬하여 당시 의병 활동과 정신을 기록으로 남겼으며, 제천 의병사의 중요한 사료를 제공하였다. 광복 이후 그의 공적이 인정되어 1995년 건국훈장 애국장이 추서되었다.

<u>이정규(미상)</u>
1895년 을미사변과 단발령을 즈음하여 제천 유림 대표로서 유인석의 창의에 참여한 이정규는 호좌의진의 일원으로 활동하며 의병 기록을 남겼다. 그는 『종의록』을 편찬하여 당시 의병들의 창의 과정과 활동을 상세히 기록하였으며, 제천 의병사의 중요한 사료를 남긴 인물로 평가된다.

<u>김백선(미상)</u>
1895년 이후 제천 · 원주 일대에서 활동한 김백선은 포수 출신으로 무장 의병을 이끌며 일본군과 교전하였다. 그는 산악 지형을 활용한 전투에 능하여 지역 의병 세력을 결집시켰으며, 제천 의병의 무력 투쟁을 대표하는 인물로 기록된다.

조선시대

<u>이지함(1517~1578)</u>
조선 중기의 학자로 제천 수산면 성리에 토실을 구축하고 학업을 성취하여 호를 토정이라 하였다. 물욕이 없어 평생토록 가난한 생활을 했고, 의약.복서.천문. 지리.음양.술서에 모두 능통했으며, 〈토정비결〉의 저자로 알려져 있다.

<u>안정복(1721~1791)</u>
조선 후기의 실학자이자 성리학자로, 오늘날 다수의 한국인에게는 〈동사강목〉이라는 역사서로 유명하다.

<u>임응용</u>
조선 중기의 무신으로 1522년(중종18) 제천시 송학면 무도리에서 출생했다. 임진왜란때 공을 세워 원종공신이 되었으며 제주도에서 해송 8그루를 가져다가 주거지인 제천시 봉양읍 구학리에 심었다. 이런 연고로 동리 이름을 팔송이라 하고 팔송정을 창건하였다. 지금은 탁사정으로 개칭하여 현존한다.

<u>김순명(1435~1487)</u>
조선 전기의 문신으로, 제천 출신이다. 임진왜란 당시 공을 세워 적개공신과 좌리공신에 책록되었다. 충절과 무공으로 이름을 남겼으며, 제천 지역에서 의병과 군사 활동을 지원한 인물로 기록된다.

<u>조위(1454~1503)</u>
조선 중기의 문신이자 학자로, 제천 출신이다. 성리학에 정통하여 학문적 명성을 얻었으며, 조선 조정에서 여러 관직을 맡아 정치와 학문에 기여하였다. 제천의 학문적 전통을 이어간 대표적 인물로 꼽힌다.

고려시대

<u>우륵</u>
지금의 고령, 대가야의 음악가로 551년(진흥왕 12), 신라에 투항하여 충주에 살게 되었다. 제천시 모산동에 있는 저수지, 의림지는 우륵이 개울물을 막고 둑을 쌓아 만들었다는 이야기가 전해진다. 현재 의림지엔 우륵이 가야금을 탔다는 제비바위(연자암), 우륵정, 우륵대, 우륵샘이 있다.

<u>이위</u>
고려 중기의 문신으로, 제천 출신이다. 1107년 윤관과 함께 동북 9성을 쌓고 여진을 정벌하는 데 참여하여 큰 공을 세웠다. 이후 여러 관직을 역임하며 고려의 국방과 외교에 기여하였다. 제천 출신으로서 고려의 대외전쟁에 참여한 대표적 인물로 평가된다.

축제 Festival

계절마다 축제가 가득

제천한방바이오박람회

기간: 매년 9월 말 ~ 10월
장소: 제천 한방엑스포공원 일원

제천 빨간 오뎅축제

기간: 매년 2월 말~3월 초
장소: 제천역 광장
제천의 명물 '빨간 오뎅'을 주제로 2024년 처음 열렸다. 1980년대 중앙시장 포장마차에서 시작된 빨간 오뎅을 재현하며, 음식점 25곳이 참여, 푸드파이트 챌린지, 공연, 체험행사도 마련되어 지역 경제 활성화와 관광 홍보에 기여한다.

제천의병제

기간: 매년 10월 (2025년은 10월 23~24일)
장소: 자양영당, 순국선열묘, 제천시 일원
1895년 을미의병 창의의 중심지였던 제천의 역사적 의미를 기리는 행사. 고유제, 추모제, 의병사적 전시회, 한시 백일장 등이 열리며, 청소년 대표가 헌관을 맡아 의병 정신을 계승한다.

제천국제음악영화제

기간: 매년 8월 ~ 9월
장소: 제천시 문화의 거리 및 청풍호반 일원
음악과 영화를 결합한 국내 유일의 영화제로, 다양한 음악영화 상영과 야외 공연이 열린다. 청풍호반의 자연 속에서 영화와 음악을 함께 즐길 수 있어 '음악영화의 도시 제천'을 알리는 대표 축제이다.

청풍호 벚꽃축제

기간: 매년 4월 초
장소 : 청풍호반 도로 각지
청풍호반 도로 구간에 벚꽃이 만발할 때에 맞춰 개최하며, 청풍문화유산단지를 중심으로 다양한 문화 행사가 이어진다. 호수와 어우러진 벚꽃의 모습이 장관이라 매년 많은 이들이 찾고 있다.

특산물 Local Products

한방의 도시

대구, 전주와 함께 조선시대 3대 약령시장이 있었던 제천의 대표 특산물은 약초다. 2005년엔 약초웰빙특구로 지정 될만큼 일교차가 큰 석회암의 사질 토양에서 자란 제천 약초들은 품질이 좋기로 유명하다. 지금도 전국에서 나는 약초가 제천으로 모여들었다가 다시 전국으로 풀려 나간다는 말이 있을 정도로 약초 재배지 혹은 시장으로서의 명성이 굳건하다. 특히 황기는 전국 생산량의 80%가 유통되고 있으며, 황기국수, 황기삼계탕, 황기빵 등 황기를 활용한 음식 문화도 자연스럽게 발전했다. 자연에서 나고 자란 산나물인 곤드레, 취나물 등과 단단하고 당도가 높은 사과, 복숭아 등도 특산품이다.

대표음식 Local Food

약선음식과 약채락

유기농으로 키운 건강한 식재료들과 약초, 한방 재료들을 친근하게 사용하는 제천의 식탁은 건강하고 풍성하다. 자연스럽게 약선음식이 발달했다. '약이 되는 채소의 즐거움'이란 뜻을 가진 '약채락'은 적극적으로 제천 미식을 홍보하기 위해 만든 음식 브랜드다. 약채락으로 선정된 곳들은 2025년 총 22개소이며 곤드레밥이나 취나물, 민들레 비빔밥, 그리고 유기농으로 키운 쌈채와 고기를 함께 즐길 수 있는 메뉴들이 자주 보인다. 강원권과 비슷하게 막국수 맛집도 흔하다. 강이나 호수에서 갓 잡아올린 생선으로 끓인 매운탕과 송어회도 별식이고, 남한강에서 건져 올린 다슬기로 끓인 올갱이 해장국도 시원하다. 몸에 좋은 약초와 한방 재료들을 듬뿍 넣어 끓인 삼계탕이나 백숙 등의 닭 요리를 계곡에서 맛보는 것도 별미다.

제천맛집

제천시는 미식도시로서 신뢰도를 높이기 위해 '제천맛집'을 선정했다. 총 90여 개에 육박하는 '제천맛집' 리스트를 참고하면 여행에 실패가 없다.

필수 여행정보 Travel Tip

제천이 처음이라면, 똑똑한 제천여행의 유용한 팁!

디지털 관광주민증

한국관광공사가 운영하는 서비스로 제천시 방문객들에게 혜택을 주는 제도다.
발급: 숙박, 음식점, 카페, 관광지, 다양한 체험, 제천관광택시까지 금액할인이 주어진다.
발급: '대한민국 구석구석'앱을 통해 통합 관광주민증을 발급 받는다.
문의: 제천시 관광과(043-641-6705)

제천 관광택시로 할인 또 할인!

제천은 생각보다 넓다. 리조트에서 머무는 체류형 휴가를 보낸다면 문제가 없지만 시내권과 청풍권, 박달재권을 이동하며 관광과 미식을 즐기고 싶다면, 차가 꼭 필요하다. 매번 택시를 이용하기에도 부담스럽고, 대중교통은 불편하다. 토박이 기사들과 함께 하는 제천관광택시는 여행자들에게 희소식이 아닐 수 없다. 비용도 저렴할 뿐만 아니라 가족 단위 또는 소규모 그룹으로 4인까지 함께 이용할 수 있다. 관광택시는 코스가 정해진 시티투어와는 달리 원하는 대로 자유롭게 관광지와 맛집을 방문할 수 있다는 것이 큰 장점이며 친절한 토박이 기사가 관광지나 식당, 루트 안내 뿐만 아니라 사진 촬영도 도와주고 원하면 케이블카 동승도 해 주는 등 퍼스널 가이드의 역할도 수행한다. 특별히 관광버스 기사님들은 친절하기로 유명하다.
비용: 5시간 6만원, 8시간 8만5천원
유용한 팁: 디지털관광주민증으로 예약 시 한 번 할인 받고, 기사님과 이동하면서 주요 관광지 입장료 할인을 또 받는다.
혜택 내용: 청풍호반케이블카 2,000원 할인, 의림지 역사박물관 무료입장, 옥순정 국궁장 2,000원 할인, 청풍호 유람선 3,000원 할인 등
문의: 제천시관광협의회 (043-647-2121)

가스트로투어

폭발적인 인기에 힘입어 현재 4가지의 가스트로 투어코스가 운영되고 있다. 시내권 2개, 의림지권 2개의 가스트로 투어는 문화관광해설사와 함께 걸으면서 숨은 맛집들을 방문해 맛볼 수 있는 이색관광상품이다.
비용: 시내권 26,000원, 의림지권 27,500원
소요시간: 3시간 내외.
문의: 제천시관광협의회 (043-647-2121)

시티투어

7시간 동안 버스를 타고 문화관광해설사와 함께 제천 관광지를 돌아보는 그룹 투어 상품이다. '디지털 관광주민증' 으로 할인 예약할 수 있다. 화~일 운영하며 오전 10시에 제천역에서 시작해서 오후 6시 전후 제천역 부근에서 마친다. (운영 시간과 요일은 변동 가능)
문의: 제천시관광협의회 (043-647-2121)

Before You Go

아 는 만 큼 보 인 다

제천 여행 전과 후, 깊은 사색을 위한 책과 영화들.

BOOK

제천, 스물두 개의 아스피린

정원선 지음 | 해토 | 2015

‘1만 시간의 소도시 여행자’, 도시 에세이스트 정원선이 글로 그리는 제천 스물두 곳의 진경산수화. 내일로 등 기차 여행자와, 유서 깊은 소도시 산책자를 위한 산골 도시 제천의 질박한 파노라마가 속속들이 펼쳐진다. 의림지, 박달재, 청풍호, 배론성지, 월악산, 금수산, 정방사 같은 이름난 곳들뿐만 양화리 미륵불, 백봉 산마루 주막, 자양영당, 제천 오일장, 상천 산수유마을, 슬로시티 수산면, 느티나무의 고장 괴곡리, 한반도 아열대의 증거 점말동굴, 봄날의 축복 노지 딸기밭까지 소소하고 함초롬한 시골 동네의 풍취를 진득하고 살갑게 경험할 수 있다.

나의 문화유산답사기 8 남한강편

유홍준 지음 | 창비 | 2015

영월에서 양평에 이르는 남한강 주변은 산, 강과 호수가 한데 어울려 조화를 이루며 우리 산천의 특징적인 아름다움을 보여주는 대표적인 곳이다. 남한강을 따라가는 답사 여정의 제 1부는 동강과 서강이 만나 남한강을 이루는 영월이고 제 2부는 물길을 따라 단양, 제천, 충주로 이어진다. 단양8경을 비롯한 남한강의 수려한 경관을 만난다. 특히 제천의 숨겨진 답사지들을 탐방하는 여정이 매우 흥미롭다. 머리말에서 “남한강을 번번이 나 혼자만 즐기기엔 너무도 아깝다는 생각을 해왔다”고 소회를 밝힌 만큼 읽고 나면 당장이라도 떠나고 싶은 마음이 든다. 실제 유홍준 교수가 여러 차례 남한강 일대를 다녀온 일정을 바탕으로 씌여져 여느 권보다 풍성한 답사 일정표가 수록되어 있다.

청풍명월 사투리 만세

김동원 지음 | 역락 | 2018

제천출신의 시인 김동원은 잊혀가는 우리말을 지키기 위해 20년 가까이 고서를 뒤지고 발품을 팔아가면서 청풍의 사투리 모았다. 4500여개의 사투리 중 1047개 단어를 골라 예문과 함께 실었다. ‘불비댕이(부삽)’, ‘띠개비(띠)’, ‘미리치(멸치)’, ‘마중가다(바래려가다)’ 등 정겨운 제천 지역 고유 방언이 빼곡하다.

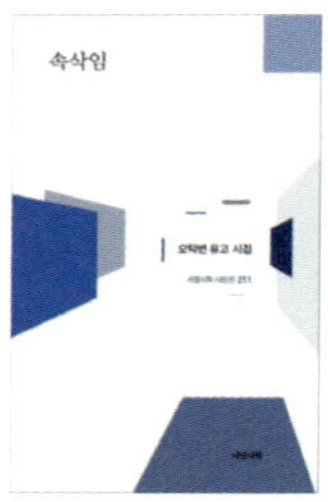

속삭임

오탁번 | 서정시학 시인선 211 | 2024

한국 문학의 별, 2023년 작고한 제천 시인 오탁번의 유고집이다. 「옛말」은 선생이 태어난 집과 유년 시절 가족에 대한 추억을 담았고, 「속삭임 9」는 암 선고 후 생을 마감하는 심정을 드러낸 시이다. 삶의 시작과 끝의 세부를 마지막 시집에서 시로 남겨 놓았다. 제천의 원서헌에서 30년을 지낸 선생의 시에서 고향 마을의 풍경과 동네 사람들의 생활, 그리고 시인의 심경을 읽을 수 있다. 제천시 백운면 애련리로 문득 가 보고 싶어지는 시집.

MOVIE

마더

봉준호 감독 | 주연 김혜자, 원빈 | 2009

2008년 제천 백운면 운학리 '폐 방앗간, 제천에서 장기 촬영됐다. 관객 300만명 돌파하여 흥행에 성공한 작품. 약재상 일을 하는 혜자(김혜자). 육체적인 나이는 28살이지만 어린애처럼 어수룩하고 사고를 많이 치는 철부지 청년인 아들, 도준은 그녀의 전부다. 어느날, 마을에 한 소녀가 살해당하고 그에 도준이 가담됐다는 정황이 밝혀진다. 그의 결백을 증명하기 위해 나서는 어머니의 이야기.

화차

변영주 감독 | 주연 이선균, 김민희, 조정하 | 2012

입석리 마을, 송학 파출소, 박달재 터널 등 제천 일대에서 촬영된 미스테리물이다. 동물병원 원장인 장문호가 한 여자에게 반하고, 그녀와의 결혼을 허락받기 위해 고향으로 내려가는 도중 여자가 갑자기 사라진다. 강력계 형사인 사촌 형에게 도움을 청하고, 그녀의 행적을 좇는다. 시간이 갈수록 점점 더 충격적인 진실들에 마주하게 된다.

라디오스타

이준익 감독 | 주연 박중훈, 안성기 | 2006

2006년 한물 간 가수와 그의 매니저의 우정을 그린 영화 〈라디오 스타〉. 그 둘이 커피 한 잔을 마시며 의지를 다졌던 공간이 바로 청풍랜드의 주차장이다. 의지와 함께 제천 대표 관광지로 꼽히는 청풍호 근처의 청풍랜드는 국내 최고 높이인 62m의 번지점프대와 국내 최장 길이의 짚라인을 보유한 그야말로 놀거리 풍족한 공간이다.

Editor 편집팀

박하사탕

이창동 감독 I 주연 설경구, 문소리 I 1999

"나 다시 돌아갈래!"
영화 〈박하사탕〉의 마지막은 영화사에 길이 남을 명장면이었으며 오늘의 설경구를 있게 한 장면이라 해도 좋다. 제천시 백운면의 진소마을 인근, 공전역과 삼탄역 사이 충북선 고가 철도 위에서 촬영됐다. 두 갈래 철교 중 절벽 중간에 터널이 뚫고 지나는 앞쪽이다. 촬영 당시에는 오지였으나 지금은 펜션까지 들어섰다. 영화가 마을을 바꿨다.

조선명탐정 : 각시투구꽃의 비밀

김석윤 감독 I 주연 김명민, 오달수, 한지민 I 2011

조선 정조 시대를 배경으로 펼쳐지는 코미디 사극이다. 웃음 코드가 가득하지만, 시대 개혁과 보수, 유교와 천주교, 양반과 노비 등 서로 상반되는 관계들이 깊이 녹아 있다. 옥순봉은 이 영화의 촬영지 중 한 곳으로 알려지면서 더 유명해졌다. 영화 속에선 살아남기 위해 뛰어든 천 길 낭떠러지였지만, 호수와 주변 산세가 어우러진 풍광이 아름다워 많은 이들의 발길이 끊이지 않는다.

N
O
M

ON THE MOVE

[마음껏 돌아다니다]

Planing Your Trip

제 천 동 서 남 북 : 길 치 를 위 한 여 행 플 래 너

지도와 친해지기

시작하기 전 지도를 잠시만 보겠습니다. 왜냐고요? 이 책을 덮을 즈음이면 당신은 아마도 달력을 보고 있을테니까요. 내비게이션이 길을 알려주기야 하겠지만, 굵직한 랜드마크들의 위치를 미리 알면 계획하는데 도움이 될거예요. 특히 제천처럼 넓은 곳을 여행할 땐 말이지요. 먼 길을 돌아가도 그런줄도 모르는 길치나, 시간을 아무리 써도 조바심이 나지 않는 쿨한 여행자, 한량이 아니라면 더더구나요. 물론 워낙 경치가 수려하다보니 호수길을 돌아돌아 길에서 한참 시간을 보내도 화는 나지 않겠습니다만…

도시 개괄

도시는 이렇게 생겼습니다. 억지로 짜맞추자면 끝이 뭉툭한 역삼각형, 또는 얼추 직사각형 모양의 양끝에 뿔을 붙여놓은 것처럼 보이지요? 도시의 허리 아래엔 큰 호수가 있고요. 맞아요. 거기가 청풍호, 그리고 청풍면입니다. 당신의 도착지가 될 제천 시내는 도시의 북쪽 오른편에 위치합니다. 터미널, 역, 시장이 있고 인구의 대부분이 모여사는 곳입니다. 의림지도 이 동네에 있지요. 시엔 9개의 행정동(교동, 의림지동, 중앙동, 남현동, 영서동, 용두동, 신백동, 청전동, 화산동)과 법정동 28개가 있답니다.

멋지고 서정적 이름을 가진 8개의 읍 · 면

제천의 면 이름을 보면 고을의 정체성이 보입니다. 정원선 작가의 설명을 보태면 "소나무 아래 학이 노니는 송학, 흰 구름 흘러가는 백운, 햇살 따뜻하게 비추는 땅에 봉황이 내려앉는 봉양, 차고 맑은 물이 솟아나는 한수, 산 아래 개울이 흐르는 수산, 맑은 바람이 시워에 불어오는 청풍, 비단을 두른것 같은 금성, 너그러이 산 것들을 보듬는 덕산…", 얼마나 아름다운지요. 이름만 들고도 그 동네에 얼른 가보고 싶어집니다. 북면, 서면, 남면 이런 설명적 이름보다 훨씬 멋있지 않나요? 누가 지었는지 모르겠지만, 면 이름 짓기에선 제천이 전국 1등입니다.

세 지역으로 구분하겠습니다.

편의상 지도를 삼등분 해볼께요. 백운면과 봉양읍을 묶어 박달권. 시내와 아래 위 주변인 송학면, 금성면까지를 시내권. 그리고 그 아래 전체를 청풍권이라 할께요. 이 책에 소개되는 식당과 관광지에도 이 세 지역들을 표시했어요.

Editor 조은영

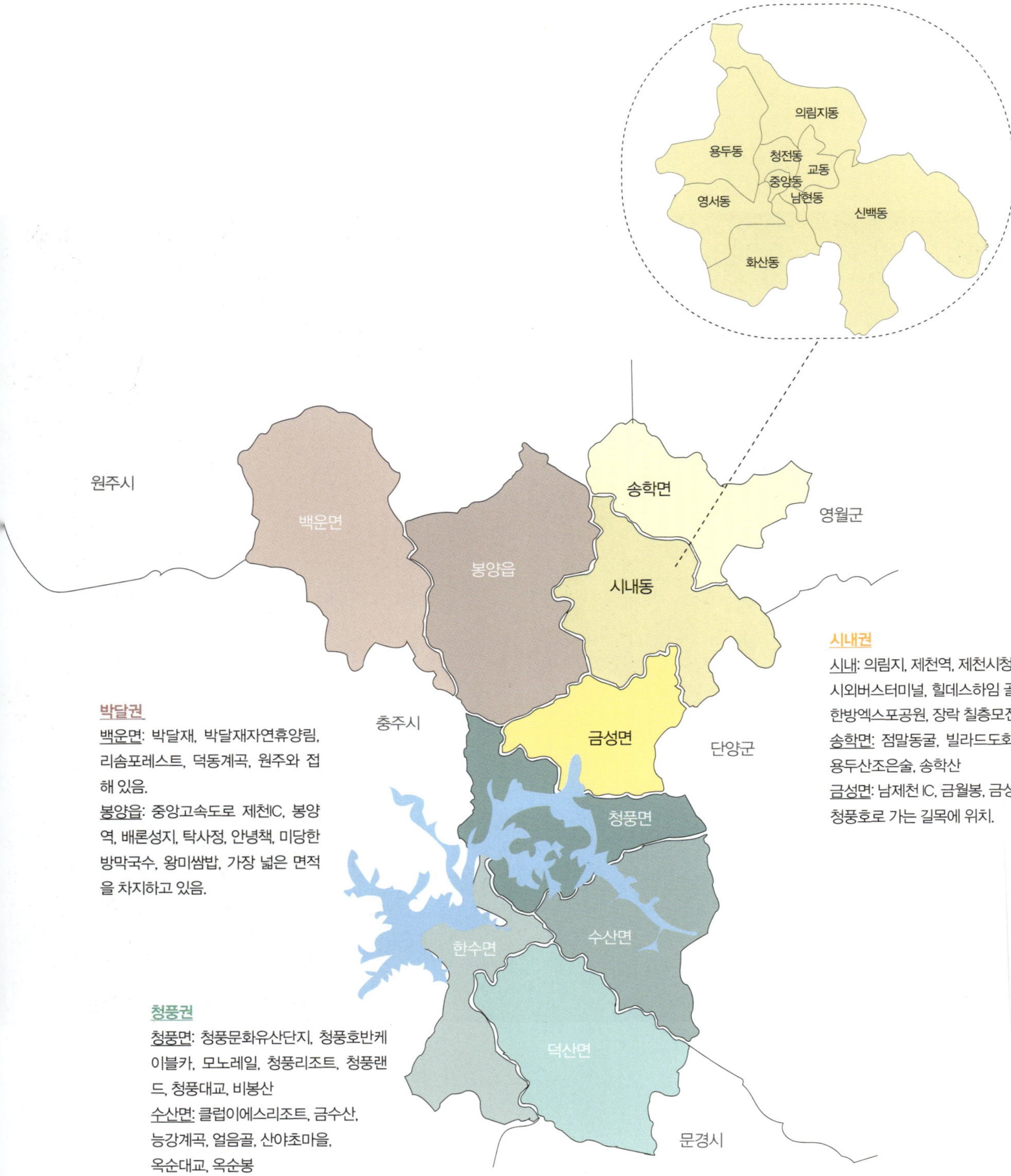

박달권

백운면: 박달재, 박달재자연휴양림, 리솜포레스트, 덕동계곡, 원주와 접해 있음.

봉양읍: 중앙고속도로 제천IC, 봉양역, 배론성지, 탁사정, 안녕책, 미당한 방막국수, 왕미쌈밥, 가장 넓은 면적을 차지하고 있음.

시내권

시내: 의림지, 제천역, 제천시청, 고속버스/시외버스터미널, 힐데스하임 골프장, 용두산, 한방엑스포공원, 장락 칠층모전석탑

송학면: 점말동굴, 빌라드도화리, 본초다담, 용두산조은술, 송학산

금성면: 남제천 IC, 금월봉, 금성제면소, 청풍호로 가는 길목에 위치.

청풍권

청풍면: 청풍문화유산단지, 청풍호반케이블카, 모노레일, 청풍리조트, 청풍랜드, 청풍대교, 비봉산

수산면: 클럽이에스리조트, 금수산, 능강계곡, 얼음골, 산야초마을, 옥순대교, 옥순봉

덕산면: 용두산, 대미산, 용하구곡, 억수계곡, 아오바바

한수면: 월악산 국립공원, 수안보까지 20분.

Art of Travel

여 행 의 기 술

삼대가 덕을 쌓아야 이 도시의 시민으로 살 수 있는 것 같아요. 어느 해안 도시의 택시 기사가 한 말이었다. 고개를 끄덕였다. 이 도시의 사람들은 모를지도 모른다. 어떤 덕을 쌓아서 이렇게 맑고 투명한 도시에 머물고 있는걸까?

OI

Lake

그 들 의 의 림 지

그들은 의림지와 함께 나고 자랐다. 학교 소풍도, 가족 나들이도, 데이트를 할 때도 언제나 의림지, 의림지였다. 타지에서 온 친구를 안내할 때도, 낯선 여행자에게 제천을 자랑할 때도 그들은 언제나 의림지부터 꼽는다. 분위기 좋은 카페나 맛집도 의림지다. 외지인에게 제천은 리조트나 청풍호일지 모르지만, 로컬들의 넘버원은 언제나 의림지다.

© 제천DB

짙게 바른 가을산 그린 눈썹 흡사한데
둥근 못은 푸른 유리 골고루 깔았구려
작고 큰 것 끌어들여 제물을 논한다면
꼭 연산이 묵지를 감돌았다 말을 하리
〈완당전집〉 김정희

제천 10경 중 제1경인 의림지(義林池)는 삼한시대에 축조된 저수지다. 농업용 저수지가 이렇게 아름답고 근사하다니! 의림지를 만든이에 관하여 전해오는 말들 중 가장 널리 알려진 것은 신라 진흥왕(540~575)때 악성 우륵이 용두산에서 흘러내리는 개울물을 막아 둑을 만들었다고 하는 설이다. 이후 조선의 현감 박의림, 제찰사 정인지 등이 정성껏 이곳을 가꿨다. 호숫가엔 수양버들이 살랑거리고, 그 뒤로는 수백 년 된 노송들이 울창하다. 의림지를 보호하고 있는 제방 위에 심긴 소나무와 버드나무 숲을 특별히 제림(堤林)'이라 부른다. 호수의 서쪽엔 제방과 제방을 잇는 반원형 나무다리, 분수대, 그리고 인공으로 조성된 '용추폭포'가 볼 만하다. 최근에는 이 곳에 유리 전망대가 완공되어 시원하게 발 아래로 떨어지는 아찔한 폭포의 모습을 감상할 수 있게 되었다.

봄이면 벚꽃이 만발하고, 여름엔 작은 배들이 떠다닌다. 가을의 단풍은 당연히 멋지고, 겨울 호수의 아름다움은 말해 무엇하랴. 얼음이 얼면 빙어 낚시를 하기도 했다. 그런 사계절 풍경에 방점을 찍는 건 호수 가운데 떠 있는 자그마한 타원형의 '순주섬'이다. 둥글게 팔 벌린 나무들이 총총히 자란 모습이 낯설고 이국적이다. 사진작가들이 안개 낀 새벽 조용히 찾는다. 평소엔 갈 수 없는 섬이지만, 겨울 얼음 축제 때는 부잔교가 설치돼 건너가 볼 수 있다. 호수의 북쪽에는 의림지 역사박물관이, 그 앞으로는 광장과 조각공원이 펼쳐진다. 바이킹과 회전목마가 돌아가는 귀여운 테마파크가 그 옆에서 레트로풍 감성을 더한다.

둘레 1.8㎞에 달하는 호수를 둘러보려면 넉넉하게 시간을 잡아야 느긋하게 즐길 수 있다. 첫 방문지는 의림지역사박물관이다. 호수를 본격적으로 둘러보기 전 여행 정보와 의림지의 역사, 상고시대 저수지의 원리 등을 둘러 볼 수 있다. 해설사와 함께 하는 관람이나 어린이들을 위한 체험 등도 준비되어 있으니 미리 체크하고 방문하자. 대한민국에서 가장 오래된 3대 저수지가 제천 의림지, 김제 벽골제, 밀양 수산제라는 것, 그중에서 지금도 물을 가두어 담아두는 제 역할을 그대로 하고 있는 건 의림지뿐이라는 것, 충청도를 호수의 서쪽이라 하여 '호서지방'이라고 부를 때의 그 호수가 바로 의림지라는 것 등등, 교과서에서 배웠지만 잊고 있던 지식이 박물관을 둘러보는 동안 되살아난다. 박물관 서쪽에 관광안내소가 있으니 지도를 챙기고 반시계방향으로 호수를 돌아보면 좋다. 관광안내소 앞 수변 무대에서는 주말이면 작은 콘서트들이 열리곤 한다. 음악을 들으며 걷다 보면 '다리상회'라는 이름의 정감 있는 매점이 나오고, 고풍스러운 나무다리와 분수, 폭포들이 연이어 등장한다. 전망 누각인 '경호루' 앞으로 오리배를 타는 선착장도 있다. 남쪽에 이르면 항일투쟁의 역사가 얽힌 '영호정'이라는 정자가 나타난다. 의병항쟁 시기인 1907년의 제천 전투를 승리로 이끈 이강년 의병장이 도창의대장(都倡義大將)으로 추대되었던 장소이며, 이후 3.1일 운동 당시 제천의 만세운동을 이끌었던 이범우 선생의 주도로 중건이 추진됐다. 좀 더 걸음을 옮겨서 우륵이 가야금을 타던 바위와 정자를 재현해 놓은 우륵대와 우륵정까지 돌아보고 나면 의림지의 명경들을 놓치지 않고 섭렵하게 된다.

의림지 북쪽으로 약 1.5km 떨어진 곳에는 '제2의 의림지'라 불리는 비룡담저수지도 있다. 걷기 좋아하는 사람이라면, 두 저수지를 잇는 개울가를 따라가다가 오래된 송림이 가득한 솔밭공원을 통과해서 걸어가도 좋다. 개울 소리와 솔바람을 느끼면서 천천히 걷는 길이 나름의 힐링 코스다. 비룡담저수지의 매력은 의림지보다 사람이 적고 소소한 분위기를 느낄 수 있다는 것. 용두산이 호수를 포근하게 감싼 모습이 의림지와는 또 다른 멋을 풍긴다. 저수지의 둘레를 따라 물 위로 잔교 같은 길이 조성돼 있어서 산책하기 좋다. 한방생태공원, 용두산 산림욕장, MTB 파크 등도 있으니 시간이 넉넉한 여행자라면 오래 머물러도 좋겠다.

Editor 나보영 **Photographer** 김경수, 제천DB

1 의림지와 주변 풍경 2 솔밭공원에 새로 조성된 아름다운 수로

More Information

의림지 여행자를 위한 목록

I

Enjoy

솔밭공원
의림지 부근에 대한 정비 작업을 진행하면서 주변의 소나무 숲을 활용하여 조성하였다. 자연림과 잔디가 어우러진 공원으로서 시민들의 휴식처 및 각 학교들의 소풍 장소 등으로 활용되고 있다. 잔디밭에는 나무 벤치와 함께 조각상들이 세워져 있고, 솔밭길에는 시원한 냇물도 흐른다.

의림지 역사박물관
의림지 역사박물관은 고대에 축조된 저수지인 제천 의림지의 역사와 구조, 관개방법, 생태 등에 대해 자세히 알 수 있는 종합 박물관이다.

의림지 파크랜드
의림지 파크랜드는 의림지 관광지 개발의 일환으로 조성된 레저스포츠 시설로서, 관광객 유치를 목적으로 일반 유원 시설을 설치하여 1998년 개장하였다. 바이킹, 회전목마, 토마스 기차, 날으는 코끼리 등의 어트랙션이 있다.

용추폭포 유리전망대
2020년 조성된 의림지의 '핫플'이다. 전망대 다리의 바닥이 유리로 돼 있어서 폭포의 절경이 발 아래로 펼쳐진다. 시원한 해방감과 아찔한 전율을 동시에 느낄 수 있다.

의림지 수리공원
제천 의림지 수리공원은 시민들의 도심형 물놀이장이다. 성벽물놀이대, 초가집물놀이대, 웨이브스프레이 등 물놀이시설과 바닥분수, 경관수조, 네트놀이대, 인디언텐트 등 다양한 시설을 갖췄다. 아이들이 좋아하는 수리공원 운영기간은 8월 중, 가족 휴가 시 참고할 것.

노지딸기 & 얼음딸기
책방 지적허영 앞에 펼쳐진 노지 딸기밭, 간판도 이름도 없이 노지 딸기를 키우는 이 농장을 동네 사람들은 '정미소 앞 노지딸기'라 부른다. 의림지 인근에서 출하되는 '얼음딸기'는 겨울에 즐길 수 있다.

비룡담저수지

비룡담저수지는 일반적으로 제2의림지라 불리는 제천의 명소다. 바로 뒤편에 용담산[871m]의 용담송림과 자연 휴양림이 위치해 있고, 산책로를 따라 성 모양의 구조물이 있어 운치를 더한다.

②

Eat & Drink

가스트로투어 의림지권

가스트로투어 의림지코스는 제천10경 중 제1경인 의림지를 만날 수 있다는 것이 가장 큰 매력. A코스는 호반식당의 생곤드레밥을 시작으로 카페 커피플러스제이에서 의림지를 형상화한 맛있는 디저트와 커피를 즐긴다. 이어 솔밭공원을 거쳐 다원애 전통찻집에서 궁중 쌍화차를 맛보고 낭만짜장 이동 코스 다. B코스는 오디향의 뽕잎비빔밥, 카페 피노의 티그레와 홍차 그리고 제2의림지(비룡담저수지) 산책 후 카페꼬네, 약선재로 이동하는 맛집 투어다.

1

의림지 대표맛집 17선

제천시에서 지정한 의림지 맛집 리스트는 다음과 같다.

식당: 낭만짜장(마늘탕수육, 해물쟁반짜장), 동해찜(모둠생선찜, 생대구탕), 산에들에(염소전골, 능이백숙), 수원지동순대국(순대국, 아바이순대국), 에스골장어마을(장어소금구이, 수제비), 우림정(약채통밥, 쑥밥정식), 오디향(오색꽃비빔밥, 오복쟁반), 채가네 들깨칼국수(들깨칼국수, 한방보쌈), 호반식당(청국장, 생곤드레비빔밥), 황금밥상(한방수육정식, 마늘떡갈비정식)

카페: 다원애찻집, 블랙베어, 빌라드도화리, 아브리에쎄르, 카페 꼬네, 피노, 커피플러스제이

2

1 제천맛집으로 선정된 꿀참나무 2 피노
3 4 5 가스트로 투어 의림지권에서 만날 수 는 오디향, 약선재, 카페꼬네

02

Sea

내 륙 의 바 다 , 청 풍 호

1990년대까지만 해도 제천 사람들은 청풍호로 나들이 갈 때 근교로 나간다고 생각했다고 한다.
당시 학생이었다가 도시로 떠난이들은 어느 순간 청풍면이 제천시라는 말을 듣고 깜짝 놀랐다 한다.
청풍호는 제천의 상징일진대, 현지인들에게 청풍호의 의미는 무엇일까?
청풍은 제천에서, 그리고 제천 사람들의 마음에서 어디쯤 있는 것일까.

"청풍호가 예전에는 청풍강이었어요" 청풍호를 여행하다 보면 토박이 주민들에게 종종 듣게 되는 말이다. 청풍호는 충청북도를 관통해 경기도 양수리까지 흐르는 남한강의 한 자락이다. 청풍면, 수산면, 금성면 등을 지나는 이 남한강 자락을 이 고장 사람들은 청풍강이라고 부르며 살았다. 옛 모습을 기억하는 노년의 주민들은 "많은 주민이 어업에 종사했었고, 강을 따라 마을에서 마을로 물자를 실어 나르던 배도 다녔어요."라고 말하곤 한다.

1985년에 충주댐이 건설되면서 청풍면은 큰 변화를 겪었다. 제천, 충주, 단양에 걸친 대규모 인공호가 형성됐는데, 그 규모가 면적 67.5㎢, 높이 97.5m에 이르렀다. '내륙의 바다'라 불리는 이 호수를 제천에서는 청풍호라 칭했고, 인접한 충주에서는 충주호라 칭했다. 호수 위로 유람선이 다니기 시작했고, 호수를 둘러싼 산과 사찰과 유적들도 이름을 알리기 시작했다. 그래서 이 무렵에 제천에서 청소년기를 보낸 중장년층은 청풍호를 교외 나들이 장소로 기억한다. 1980년에 제천군 제천읍은 제천시로 승격되고, 나머지 이 일대는 따로 제원군 청풍면이 되었기에 그들은 이곳을 먼 교외라고 여겼다. 당시의 댐 건설로 안타깝게도 이 일대 일부 마을들이 수몰되는 피해를 겪었다. 삶의 터전을 잃고 이주해야 했던 주민들의 역사가 지금도 이 지역 박물관들에 남아 있다.

청풍이 지금의 제천시 청풍면이 된 건 1995년 시 · 군 통합에 이르러서였다. 그 무렵부터 리조트들이 들어서기 시작했고, 옥순대교 같은 다리가 세워졌으며, 이후 청풍랜드를 비롯한 놀이 시설들도 생기기 시작했다. 이제는 호수 주변 산과 마을을 따라 걷는 자드락길, 산자락을 타고 정상에 오르는 케이블카와 모노레일, 시원한 번지점프와 패러글라이딩까지 즐길 수 있다. 청풍호반을 따라 수십 년 된 횟집, 인심 넉넉한 한정식집, 전망 좋은 카페까지 모여 있어서 청풍호 여행을 더 다채롭고 풍성하게 해준다.

01 Nature of Cheongpung

비봉산

청풍호수에 둘러싸여 있는 높이 531m의 산이다. 길이 험하지 않아 등산하기 좋지만, 모노레일이나 케이블카로 오르는 재미가 더 짜릿하다. 정상은 360도 파노라마 뷰의 드넓은 전망대로 돼 있는데, 산을 감싼 호수 덕분에 높은 섬 위에 올라선 듯 근사한 느낌을 준다.

제천시 청풍면 신리

옥순봉

해발 283.3m의 봉우리로, 옥빛 대나무 순 같은 모양이라서 옥순봉이라 불린다. 석벽에 새겨진 '단구동문(丹丘洞門)'이란 글자는 퇴계 이황이 단양 군수였을 때 '단양의 관문'이란 뜻으로 각인한 것이다. 제천10경 중 8경이며, 단양8경에도 속한다. 청풍호의 멋진 다리인 옥순대교의 그림 같은 일몰을 카메라에 담을 수 있는 촬영 명소이기도 하다.

제천시 수산면 괴곡리

능강계곡

한여름에도 얼음이 난다고 하여 '얼음골'이라 불리는 금수산 골짜기에 있는 계곡이다. 속이 그대로 비칠 정도로 맑은 물이 흐르고, 가파른 절벽에서 시원한 폭포도 쏟아진다. 완만하고 너른 바위에 앉아 발만 담그고 있어도 속이 시원해지는 힐링 스폿이다.

제천시 수산면 하천리

청풍호반 벚꽃길

중앙고속도로 남제천 IC를 나와 82번 도로를 탔을 때 금성면 쪽으로 이어지는 이 도로는 청풍호반 드라이브 코스로 유명하다. 특히 벚꽃이 피는 4월에 벚나무들이 터널을 만들어 장관을 이룬다. 청풍레이크호텔 쪽으로 달리다 보면 물살을 시원하게 가르는 유람선과 멋진 수경 분수도 볼 수 있다.

1. 청풍호 옥순대교
2. 신라시 대의 사찰 정방사로 향하는 길목에 있는 시원한 능강계곡

2

02 Trail of Cheongpung

청풍호 자드락길

청풍호 인근으로 조성된 7개의 트레킹 코스로, 총 58km에 이른다. 1코스 '작은동산길', 2코스 '정방사길', 3 코스 '얼음골 생태길', 4코스 '녹색마을길', 5코스 '옥순봉길', 6코스 '괴곡성벽길', 7 코스 '약초길'로 이뤄져 있다.

tour.jecheon.go.kr

추천 코스 ❶ '2코스 정방사길' 1.6km

정방사를 찾아가는 길에 자연스레 경험할 수 있는 편도 1.6km의 가장 짧은 코스다. 능강교 앞 주차장에 차를 세우고 표지판을 따라 진입하면 시원한 능강계곡 절경을 지나 천년 사찰 정방사로 오르는 산길을 타게 된다. 정방사는 삼국시대에 의상대사가 세운 사찰이며, 암벽 앞에 세워진 법당과 마당에서 보이는 청풍호가 비경을 이룬다. 왕복 약 90분 소요.

추천 코스 ❷ '5코스 옥순봉길' 5.2km

옥순봉 인근의 마을들을 따라 걷는 코스다. 상천리 마을회관에서 출발해 상천산수유마을을 비롯한 마을들을 지나 옥순봉 쉼터에 이르게 되고, 되돌아올 필요 없이 옥순대교 쪽으로 나올 수 있다. 편도로 약 150분 소요.

1 청풍의 역사를 간직한 청풍문화유산단지 2 배 안에서 단양까지 둘러볼 수 있는 청풍호 유람선 3 청풍호반 케이블카

03 Attractions of Cheongpung

옥순봉 출렁다리

청풍호 수면 위에서, 옥순봉과 수산면(괴곡리 등) 쪽을 잇는 보행용 현수(출렁)교이다. 길이는 약 222m, 너비는 약 1.5m이고 다리뿐 아니라, 주변 약 408m 생태탐방 데크로드와 야자매트가 깔린 트레킹길이 조성되어 있어, 청풍호와 옥순봉 주변을 여유롭게 걸으며 즐길 수 있다. 11~2월 사이운영시간은 10시부터 5시이다.

청풍문화유산단지

충주댐 건설로 수몰될 위기에 처한 마을들의 문화재를 이전해 조성한 문화유산단지다. 향교, 관아, 민가, 선사시대 석물 등 43점의 문화재가 마을처럼 배치돼 있으며, 민가에는 와 삼국시대의 석축 성곽인 망월산성과 망월루는 청풍면 일대를 조망할 수 있는 곳이니 빼놓지 말자.

제천시 청풍면 청풍호로 2048
043-641-5532
tour.jecheon.go.kr

청풍호 유람선

드넓은 청풍호를 가르며 단양까지 둘러볼 수 있는 유람선이다. 맑은 날 풍경도 아름답지만 흐리거나 비 오는 날의 수묵화 같은 풍경도 운치가 넘친다. 청풍랜드의 청풍나루 선착장에서 출발한다. 두 가지 코스가 있는데, 여행자들이 주로 이용하는 건 1코스다. 청풍랜드를 떠나 옥순대교, 옥순봉, 구담봉까지 돌아보고 돌아오는 왕복 코스이며 1시간 20분 걸린다. 승선신고서를 작성할 때 신분증을 제시해야 하니 미리 챙길 것.

제천시 청풍면 청풍호로50길 6
043-644-8859
chungpoongferry.modoo.at

청풍호반케이블카 / 청풍호모노레일

케이블카는 청풍면 물태리에서 비봉산 정상까지 2.3km 구간을 왕복 운행한다 2019년 오스트리아 도펠마이어社의 최신형 10인승 캐빈 43대가 도입돼 운행을 시작했고 평균 5m/s의 운행 속도로 2.3km의 거리를 올라 약 10분 만에 비봉산 정상에 도달한다. 모노레일은 편도 1.5km 길이를 약 23분간 천천히 올라간다. 손에 닿을 듯한 나무, 숲 내음, 솔바람을 느끼며 망중한에 빠져 있다 보면 어느덧 정상에 닿는다. 정상을 둘러본 후 다시 모노레일로 내려올 수 있으며, 올라갈 때와 마찬가지로 약 23분 걸린다. 정상은 같지만 모노레일과 케이블카역이 다르다.

04 Activity of Cheongpung

청풍랜드

청풍호를 내려다보며 모험과 스릴을 즐길 수 있는 익스트림 레포츠 파크다. 62m 높이의 번지점프, 허공을 나는 빅스윙, 1.4km의 집라인, 인공 암벽장, 비상시에 군 항공기에서 튕겨 나오는 좌석에서 고안된 레포츠 기구인 이젝션시트 등을 체험하며 짜릿한 전율을 만끽할 수 있다.

제천시 청풍면 청풍호로 50길 6
043-648-4151
www.cheongpungland.com

제천산악체험장

명산의 고장 제천을 산악 스포츠로 경험할 수 있는 곳이다. 산악지형에 설치된 클라이밍, 짚트랙, 스카이 점프, 서바이벌 등을 다채로운 형태로 즐길 수 있다. 각각 10종의 시설이 설치된 마린 타워와 스카이 타워, 14종이 설치된 에코 트랙 등을 통해 나무를 기어오르고 아찔한 다리를 건너며 상공을 날고 서바이벌 사격을 하는 등 특별한 시간을 보낼 수 있다.

제천시 금성면 청풍호로39길 100
043-646-8785
jcmountain.edenstore.co.kr

성현

glouglou

05 Tasty road of Cheongpung

느티나무횟집

이 동네에서 40년 된 터줏대감이다. 청풍호에 가두리 양식장이 많던 1980년대에 어부였던 부부가 처음엔 다른 메뉴로 식당을 열었는데, 우연히 두 사람이 간단하게 먹던 음식인 비빔회를 내었더니 반응이 너무 좋아서 그게 메인이 됐다. 송어회를 각종 채소, 다진 마늘 기름, 콩가루, 초장에 쓱쓱 비벼 먹는 송어 비빔회는 민물고기를 기피하는 이들조차 흡입하게 하는 마력이 있다. 비빔회를 먹은 뒤에 고소하고 든든한 남한강 쏘가리 매운탕으로 마무리를 하면 이 집의 진가를 제대로 느낄 수 있다.

제천시 청풍면 배시론로 4 043-647-0089

약채락 성현

21년 된 한정식집으로, 의림지에 오래 있다가 이곳으로 옮겨왔다. 주인장 솜씨와 성격이 워낙 좋아서 의림지 시절부터 단골층이 탄탄하다. 약선요리 과정을 공부한 주인장은 한약재로 사물탕을 끓여서 요리에 사용한다. 약선 갈비, 더덕구이, 잡채, 흑임자소스 생 감자채, 약선 튀김, 제철 약선 나물, 양념게장 등이 여러 가지 정식으로 구성돼 있고, 돌솥밥은 블루베리로 밥물을 지어 차지고 보들보들하다. 가끔 테이블에서 직접 밤송이를 불에 태워 디저트로 만들어 주는 특별한 서비스를 선보이기도 한다.

제천시 청풍면 청풍호로54길 14-7 043-646-3319

예촌 2호점

카페 같은 인테리어로 꾸며진 한정식 집이다. 전구 빛 조명 아래 풍금, 기타, 바이올린 등이 놓여 있는데 주인장 가족이 사용하던 추억의 물건들이라고 한다. 시그니처 메뉴는 다양한 나물과 약채를 사용한 약채 정식이다. 감자와 비트를 썰어 넣은 전, 나물, 황기를 비롯한 약채로 양념한 불고기 등이 다채로운 반찬과 함께 나온다. 주변 다른 한식집보다 달고 감칠맛이 도는 것이 특징이다. 1호점은 청풍의 리조트 단지에서 가까운 청풍면 신리에 있으며 정원이 예쁘게 꾸며져 있다.

제천시 청풍면 청풍호로54길 13 043-647-0883

카페너른

대규모 신상 베이커리 카페로, 청풍대교와 청풍호가 한눈에 들어오는 전망 맛집이다. 잘 가꾸어진 넓은 야외 정원과 식물원은 가족 단위 방문객들에게 특별한 인기다. 대형 베이커리다운 다양한 음료와 먹거리가 준비되어 있다. 전망을 즐기기에 좋은 곳이지만 한적함을 기대하긴 어렵다. 넓은 전용 주차장이 구비되어 있다.

제천시 청풍면 청풍호로 1684 0507-1357-8283

콘크리트월

노출 콘크리트와 복층 유리로 설계된 독특한 건축미가 있는 세련된 카페다. 2023 한국건축가협회 건축상을 받은 곳이라 건축만으로도 방문할 가치가 있다. 호수 전망과 드라마틱한 자연광을 강조한 디자인 덕분에 갤러리에 온 것 같은 느낌이다. 시그니처 메뉴는 서리태크림라떼, 상큼한 맛의 레몬파운드, 에그타르트 등의 디저트도 맛있다. 미감 있는 공간에서 기분 좋은 힐링의 시간을 느낄 수 있다. 곳곳이 포토존이다.

제천시 금성면 청풍호로 1566 0507-1408-3554

글루글루

옥순봉로에 자리한 카페로, 청풍호를 바라보며 여유를 즐길 수 있는 공간이다. 본관은 키즈존 · 펫존을 운영해 가족과 반려동물 동반이 가능하고, 별관은 노키즈존 · 노펫존으로 조용한 분위기를 원하는 이들에게 적합하다. 다양한 포토존과 넓은 공간 덕분에 여행객들에게 인생샷 명소로 사랑받는다. 흑임자를 넣은 '공구리라떼'와 산양삼을 넣어 건강하고 맛있는 '삼미차'가 아주 특별하다.

제천시 수산면 옥순봉로10길 2 0507-1358-2664

03

Walk

작은 산책

쟁쟁한 관광 명소들보다 한적한 곳에 발길이 더 끌리는 순간이 있다. 바쁜 여행자는 절대 누릴 수 없는 산책의 럭셔리. 환한 햇살을 받으며 평안과 힐링의 시간을 만끽할 수 있는 제천의 작은 산책지들!

장락동 칠층모전전탑

천년의 고요

안목 있는 사람만이 아니라 누구라도 처음 이 탑을 마주하는 순간, 놀라움이 앞설 것이다. 시내 한복판에 이렇게 멋진 탑이 서 있다는 사실, 그리고 그것이 세상에 널리 알려지지 않았다는 사실에 마음이 먼저 흔들린다. 유홍준은 『나의 문화유산답사기』 남한강 편에서 이곳을 '제천 답사 1번지'라 불렀다. 보물 제459호, 장락동 칠층 모전석탑은 통일신라 시대에 축조되어 천년의 세월을 견뎌내며 오늘도 고즈넉한 자태를 뽐낸다. 넓은 들판 위에 검은빛으로 솟아오른 탑은 주변의 아파트 풍경과 묘한 대조를 이룬다. 탑의 단아한 곡선과 풍화된 돌결을 바라보고 있으면, 천년의 시간이 고요히 흐르는 듯하다. 관광객은커녕 지역 사람들도 잘 모르는 곳, 그래서 이곳은 조용한 사색지, 홀로 서서 탑의 그림자를 보며 산책을 즐기기에 더없이 알맞은 장소다. 잠시 멈추어 서서 시간을 음미하게 하는 산책의 장소가 되어준다.

탁사정

산책길 따라 흐르는 풍경

봉양읍에 위치한 탁사정은 제천10경 중 제 9경이다.
정자를 말하는 것이 아니라 정자 주위의 절경을 말하는 것이다. 조선 선조 19년(1568) 제주 수사로 있던 임응룡이 고향에 돌아올 때 해송 여덟 그루를 가져와 심고 이곳을 팔송이라 명명하였고, 그 뒤 정자를 짓어 팔송정이라 하였다. 허물어진 팔송정을 1925년 후손 임윤근이 다시 세웠고 원규상이 마음을 씻는 곳, '탁사정'이라 칭하였다. 차령산맥과 태백산맥이 갈라져 남서로 달리는 남서쪽 골짜기에 자리 잡은 탁사정 유원지는 서늘한 골바람과 계곡의 짙푸른 물빛, 낮은 폭포가 어우러져 주위의 노송과 조화를 이루고 있다. 여름철이면 정자 아래 용소 주변의 넓은 모래밭에 야영과 물놀이를 즐기는 피서객이 몰려온다. 2025년 탁사정은 새로운 옷을 입었다. 십여 년간 닫혀 있었던 산책길이 열리면서 물가를 따라 걷기에 한층 편안해졌고, 전망대에 오르면 제천천과 구학산, 감악산이 어우러진 풍경이 펼쳐진다. 산책로에는 50m의 데크로드와 약 100m의 보행매트 등이 새롭게 조성돼 방문객들이 탁사정 주변 수려한 경관을 더욱 가까이서 체험할 수 있게 됐다.

한방엑스포공원
의외의 힐링 포인트

제천은 조선 시대 3대 약령시장이 있던 곳이자 충청도, 강원도, 경상도의 산간에서 채취되는 한약재가 모이는 집산지다. 2010년 시작된 제천 국제 한방 바이오 엑스포를 위해 조성된 한방엑스포공원은 제천시의 대표 명소이자 행사장, 시민들의 쉼터로 자리 잡았다. '한방생명과학관', '약초허브식물원', '국제발효박물관' 등의 건물들을 중심으로 너른 정원과 푸른 숲이 수려하게 조성돼 있다. 산책하듯 그냥 둘러봐도 좋지만, 해설사 투어를 예약하거나 한방 비누 만들기를 비롯한 각종 체험에 참여해도 좋다. 무엇보다도 이 공원에 종종 들르는 에디터의 속마음은 따로 있다. 바로 '본초다담' 카페에서의 한방 족욕 체험과 진한 쌍화차와 대추차를 마시기 위해서다. 따끈한 물에 한약재를 가득 채운 파우치를 넣은 후 발을 담그고 차 한 잔을 곁들이면 천국이 따로 없다. 이마에 땀이 송골송골 맺히며 쌓여 있던 피로가 사르르 풀려나가는 느낌, 온몸이 개운하고 상쾌하다.

점말동굴

구석기로 가는 길

용두산 병풍바위 끝자락에 위치한 점말동굴까지 이르는 길은 고요하고 신비롭고 아름다운 명상의 길이었다. 숲 사이로 편안하게 이어진 작은 오솔길에는 마침 붉게 물든 단풍들이 조용히 내려 앉았다. 이름난 단풍 명소보다 점말동굴에서의 가을이 유난히 기억에 남는 이유는 동굴까지 이르기 전 이미 여행은 완성되었기 때문이다. 산책길 끝에 자리한 점말동굴은 단순한 동굴이 아니다. 이곳은 남한 지역에서 최초로 확인된 구석기 시대 동굴 유적으로, 1970년대 발굴을 통해 약 6만 년 전부터 1만 8천 년 전까지 이어진 구석기인의 생활 흔적이 밝혀졌다. 석기와 동물 뼈, 토기 조각 등이 출토되며 한국 선사문화 연구의 중요한 단서를 제공했다. 2001년에는 충청북도 기념물 제116호로 지정되어 보존되고 있다. 동굴 내부는 막혀 있어 전체 길이는 확인되지 않지만 주변에 6개의 가지굴이 발달해 있다고 한다. 2025년 6월에는 점말동굴유적체험관이 산책길 입구에 개장되었다.

삼한초록길

에코브릿지의 전망

고대 농경수리시설의 발상지, 의림지부터 이어지는 삼한초록길은 2km에 달하는 산책길이다. 기존의 농로를 활용하여 만든 친환경 산책로는 사계절 아름다운 꽃과 식물들을 감상할 수 있도록 자연과 조화롭게 펼쳐져 있어 심리적 안정과 치유에도 긍정적인 영향을 주고 있다. 인근 들판의 편안하고 자연스런 농촌 풍경은 덤이다. 빠르게 걷거나, 맨발로 천천히 걷거나, 자전거를 타거나, 삼한초록길을 즐기는 방법은 다양하다. 산책길에 만나는 현대적인 조형물 에코브릿지는 전망대 겸 육교다. 꼭대기에 올라가면 인근 풍경을 한눈에 조망할 수 있다.

중앙공원

로컬의 일상이 숨 쉬는 공원

시민들이 어릴 적부터 '동산'이라 부르던 산자락의 공원이다. 제천에는 산봉우리가 총 일곱 개고 북두칠성 모양을 닮아서 칠성봉이라 하는데, 이 동산이 그중 여섯 번째 봉우리인 아후봉이다. 언덕과 나무 계단을 따라 솔 내음 맡으며 올라가다 보면, 어느새 경사가 가팔라지고 숨이 차오른다. 시내가 훤히 내려다보이는 정상엔 충의루라 불리는 정자가 있다. 산책로, 놀이터, 화장실 등이 두루 갖춰진 휴식처다. 아침 운동을 나온 시민들, 커피 한 잔하며 산책하는 사람들 등 로컬의 일상도 느낄 수 있는 곳으로 중앙시장을 중심으로 한 전통시장들과 '덩실분식'을 비롯한 맛집들도 이 주변에 있으니 함께 둘러보면 좋다. 화려한 관광지는 아니지만, 잠시 머물러 책을 읽거나 커피 한 잔을 즐기기에 더없이 좋은 쉼터다.

누군가에게는 성지 순례, 배론성지

박달재 자연휴양림에서 동쪽으로 16km 가면 '배론성지'가 있다. '배론'이라는 이름은 이곳의 지형이 마치 배 밑바닥과 같은 모양이라 해서 붙여졌다. 70여 가구가 모여 살던 작은 마을 배론은 외부에서 찾아가기 힘든 곳이었다. 조선 후기 천주교 박해가 시작되자 교인들이 숨을 곳을 찾아 배론으로 모여들어 천주교 신자촌이 형성됐다. 오랜 시간이 흐른 지금 이곳은 천주교 신자들의 성지순례지가 됐고, 아름답게 꾸며진 정원과 성당, 숨겨진 이야기들, 한적함을 선사하는 이 곳만의 특별한 정취로 종교와 무관하게 힐링을 선사하는 장소가 됐다. 특히, 가을에 방문하면 눈이 시리도록 수려한 단풍을 즐길 수 있고, 이른 아침이나 오후 햇살이 비칠 때 방문하면 이 곳만의 신비롭고 성스러운 풍경에 절로 마음이 단정해진다. 안내소에서 순례코스 지도를 받아 들고 제일 먼저 '마음을 비우는 연못'이라 이름 붙여진 작은 못을 지나 성모상과 단풍나무가 둘러싼 수려한 다리를 건넌다. 곧 '성 요셉 성당'을 만난다. 성당이지만 한옥 건물이라 생소하게 느껴진다. 곧 이어 등장하는 것은 '황사영 백서 토굴'. 1801년 신유박해 때 황사영이 천주교 박해를 나라 밖으로 알리고 청나라와 교황청의 도움을 청하는 서신인 '백서'를 작성하며 8개월간 숨어 살았던 곳을 재현한 곳이다. 안타깝게도 이 눈물로 쓴 비단 편지는 전달되지 못하고 중간에 발각돼 황사영과 관련자들은 처형되었다. 토굴은 들어가 볼 수 있게 개방돼 있다. 잠시 들어가 보는 것만으로 숨이 막힐 정도로 작았다. 쪼그려 앉을 수 밖에 없을 정도로 높이도 낮은 이 협소한 토굴에서 가로 62cm, 세로 40cm의 명주천에 쌀알 같이 작은 세필로 무려 13,384자를 기록했었다. 이 백서는 지금 로마교황청에 보관되어 있다. 황사영 토굴 바로 옆에는 1855년에 설립된 '성 요셉 신학당'이 있다. 유럽 선교사들이 이곳에서 라틴어, 신학, 수사학 등을 가르쳤었는데 이들도, 심지어 학생들까지도 1866년 병인박해 때 모두 순교했다. 수많은 이들의 목숨이 사라졌다는 기록에 어쩐지 마음이 가라앉는다. 수려하게 자란 나무들이 눈길을 끄는 돌계단을 따라 걸으며 신념이란 무엇인가, 삶이란 무엇인가? 가치란 무엇인가? 가쁜 숨을 몰아 쉬며 걸으면서도 정신은 고요하고 숙연하다. 그 가운데에도 길은 이국적이고 아름다워 중간중간 멈춰 한참을 바라보았다. 한국에서 두 번째로 카톨릭 사제가 된 최양업 신부를 기념해 지은 '최양업 토마스 신부 기념 성당'에 도착했다. 그는 12년 가까이 되는 시간 동안 전국을 돌며 목자의 삶을 살다 배론성지의 묘소에 묻혔다. 성당은 화려하지 않고 정갈하며 소박하다. 스테인드글라스 사이로 비치는 햇살 아래에서 많은 이들이 손을 모으고 조용히 기도를 올린다. 인근에는 '배론 이시돌 목장'이 있다. 목장에서 만든 신선한 요거트와 아이스크림을 즐길 수 있는 카페테리아에서 잠시 쉬어간다. 너른 들에서 풀을 뜯는 소들의 목가적인 풍경은 덤이다. 목장주의 아내는 심리치료 프로그램 '배론 이시돌 힐링 캠프'를 운영한다. 미술 치료와 모래놀이를 통해 아이들의 마음을 보듬고, 상담으로 어른들의 마음도 토닥인다.

2

3

4

1 2 3 일반 여행자들도 자주 찾는 천주교 성지 '배론성지' 4 신유박해 당시 천주교도 황사영이 숨어 살던 토굴

04

Stay

어 디 에 머 물 까 ?

편안하고 아름다운 숙소에서 지낸다는 것만으로도 여행의 즐거움이 깊어진다.
호불호가 없는 무브 추천 숙소.

2

01 포레스트 리솜

원시림에 둘러싸인 친환경 리조트

포레스트 리솜은 그 이름에서 느껴지듯이 숲으로 둘러싸인 제천의 특성을 고스란히 품은 리조트다. 제천 시내의 북서쪽 구학산과 주론산 자락의 원시림에 둘러싸여 있으며, 본래의 자연지형과 천연식생을 그대로 보존하고 친환경 자재를 사용해 자연과 인간이 어울릴 수 있도록 설계됐다. 환경 훼손을 최소화하기 위해 자가용 차량은 단지 내로 들어갈 수 없으며, 리조트에서 운영하는 친환경 카트와 차량도 운영 횟수와 시간에 제약을 둔다. 또한 단지내에서 전깃줄을 찾아볼 수 없으며, 환경보호를 위해 객실 어메너티도 최소화 했고, 수건도 체크인 시에만 제공된 후 재사용을 권장한다. 편리함과 바꾼 것은 이런 것들이다. 피톤치드 가득한 숲 내음을 느낄 수 있고, 기분 좋은 새 소리에 잠이 깨고, 야생 다람쥐나 청솔모와 인사를 하고, 지천에 송림과 야생화가 가득하다. 2021년에는 포레스트 리솜 내 또 하나의 호텔이 추가되었다. 레스트리는 지하 2층~지상 7층 규모의 250실의 객실, 식음 시설, 루프탑 스파, 키즈 플레이존, 연회시설 등을 갖춘 호텔식 리조트다.

매일 아침 풀냄새와 흙내음을 느끼며 산 아래로 내려가면 통유리창 너머 촘촘한 숲이 창을 가득 채우는 조식당 '엘라운지'가 기다린다. 너른 창으로 숲이 작품처럼 들어오는 테이블에 앉아 천천히 아침을 먹는 여유를 누리기 좋다. 언덕 꼭대기에는 맑은 날이면 별이 보이는 '별뚱카페'가 있다. 나무 테라스와 벽난로가 있는 정감 어린 카페다. 차 한잔 마시며 밤의 솔 냄새를 맡으면 어린 시절 시골의 대청마루가 떠오르며 노스탤지어를 자극한다. 산 아래자락에는 산장 같은 숲 속의 식당 '별채'도 있다. 작지만 분위기 있는 공간에서 인상 좋은 산장지기가 해물파전, 녹두전 등을 솜씨 있게 부쳐낸다. 풀벌레 소리를 들으며 지역 막걸리와 함께 하면 운치가 색다르다. 저녁이면 야외 테이블까지 금방 자리가 찬다.

잘 조성된 산책로와 등산로, 그리고 숲 힐링 프로그램

리조트의 시설과 프로그램도 손님이 자연에 몸을 맡기고 쉴 수 있도록 하는 것에 초점이 맞춰져 있다. 내부의 길들은 '누루길', '가온길', '마루길' 등 저마다 이름이 있고, 자연물에도 '감자바위', '절벽송' 등의 명칭이 있다. 이 길과 바위와 나무를 따라 가벼운 산책로인 '둘레길 코스'와 좀더 난이도가 있는 등산로인 '등산길 코스'가 잘 짜여 있다.

잘 조성된 숲을 좀더 깊이 체험할 수 있도록 '포레스트 체험' 프로그램도 준비돼 있다. 다양한 종류가 있고 무료부터 유료까지 선택의 폭도 넓다. 가장 대표적인 체험인 '에코 힐링 프로그램'에 참여했더니, 훈련된 힐링 메이트와 함께 이 코스 중 일부를 탐색할 수 있었다. 부드러운 목소리의 힐링 메이트를 따라 자박자박 흙길을 걷고, 나무에 손을 대보고, 이 숲의 역사와 나무에 얽힌 이야기를 들으며 걷다 보니, 이렇게 오롯이 자연에 오감을 맡긴 게 언제였나 싶었다.

어린이를 동반한 투숙객이라면, 힐링 메이트가 어린이를 케어하며 숲을 둘러보는 '키즈케어 힐링 프로그램'을 눈 여겨 두자. 부모가 잠시 아이를 맡기고 쉴 수 있도록 마련된 프로그램으로, 단 한 명의 아이도 신청할 수 있어서 유용하다. 원한다면 소정의 대여료를 내고 피크닉 세트를 빌려 단지 내의 숲에서 피트닉을 즐길 수도 있다. 예쁜 매트와 라탄바구니, 미니원목테이블, 컵과 와인 잔, 가볍게 읽기 좋은 책까지 빌려준다. 레스토랑 '엘라운지' 앞에 와인을 살 수 있는 '와인 마켓플레이스'가 있으니 와인을 한 병 사서 피크닉을 해도 좋을 듯하다.

1 2 본래의 지형을 그대로 살려 숲 속에 지어진 친환경 리조트 포레스트 리솜 3 전문적인 자격을 갖춘 힐링 메이트와 숲을 둘러 보는 에코 힐링 프로그램
4 5 6 스파와 명상 등 다양한 프로그램을 갖춘 포레스트 리솜의 스파 '해브나인' 7 통유리창 너머 주론산 전경이 펼쳐지는 라운지 8 숲 내음을 가득 느낄 수 있는 인피니트 스파풀

스파를 뛰어 넘은 치유의 시간, '해브나인' 스파

리조트 방문객들의 마음을 가장 크게 사로잡는 건 이곳의 스파인 '해브나인 스파'다. 단순한 스파를 뛰어 넘어 힐링 시설과 치유 프로그램이 풍부해서 투숙객 외에도 많은 이들이 찾는다. 먼저 눈을 압도하는 건 짙푸른 산자락을 향해 뻗어 있는 실외 인피니티 스파 풀이다. 숲을 가까이 마주하며 몸을 담그면 이국의 산속 스파에 가 있는 기분을 만끽할 수 있다. 자연의 수목과 골짜기에 조성된 '밸리스파'야말로 야외 스파의 하이라이트다. 나무와 계곡 사이에 자리한 자그마한 스톤 스파에 몸을 담그고 숲 내음과 계곡 물 소리에 몸을 맡길 수 있다. 한 스파 당 최대 정원이 두 명이어서 그야말로 조용히 숲과 혼연일체가 될 수 있다.

실내에는 수압 마사지 기능의 바데풀, 아쿠아로빅이나 아쿠아 플로팅 요가가 진행되는 짐풀, 체질에 맞는 스파와 명상을 하는 사상체질 스파 등의 기능성 스파들이 있다. 평소 운동을 즐기는 사람이라면 수면에 매트를 띄워 로프로 고정하고 그 위에서 요가 동작을 하는 아쿠아 플로팅 요가가 마음에 들 것이다. 처음에는 물에 띄운 매트에 서는 것도 어렵지만 차츰 균형을 찾으면서 저절로 전신에 의식이 집중되고 힘이 분산된다. 부모님과 함께하는 사람이라면 사상체질스파가 흥미로울 수 있다. 먼저 체질을 진단받은 뒤 온도와 성분이 다른 여러 개의 사상 체질 스파풀 중 자신에게 맞는 풀에서 몸을 덥힌다. 건식 사우나에서 땀으로 독소를 배출하고, 명상으로 몸과 마음을 식히며 한방차까지 마시고 나면 온몸이 개운해진다.

포레스트 리솜에 머무는 동안은 관광에 욕심을 내기 보다는 휴양의 여유를 누리는 것이 현명하다. 산책과 스파를 충분히 즐기는 것이야 말로 이 리조트를 제대로 누리는 방법이니까.

제천시 백운면 금봉로 365 043-649-6000

4

5

6

7

8

9

02 청풍리조트

청풍호반 최고의 위치와 삼면이 호수로 둘러싸인 환상적인 뷰

청풍호 중에서도 메인 스폿이라 할 수 있는 비봉산 맞은편에 자리한 청풍리조트는 전망, 위치, 시설, 가격이 두루 충족되는 청풍호반의 대표 리조트다. 머무는 동안 매일 아침 안개에 감싸인 비봉산이 눈에 들어오고, 저녁이면 그야말로 환상적인 일몰이 펼쳐진다. 날씨에 따라 오로라를 연상케 하는 장관이 연출되기도 한다. 이 리조트는 호텔식인 '레이크 호텔'과 콘도미니엄 스타일인 '힐 하우스' 두 건물로 이뤄져 있는데, 특히 레이크 호텔의 경우 지형적으로 작은 곶처럼 튀어나온 곳에 있어서 삼면으로 호수가 뻗어 나간다. 객실 테라스로 나가면 풍경을 더욱 이국적으로 만드는 번지점프, 수경분수, 청풍대교까지 완벽한 앵글을 이루어서 사진이 멋지게 나왔다. 청풍호 유람선, 청풍랜드, 청풍호반케이블카, 청풍문화유산단지 등의 메인 관광지가 가깝다는 것도 장점이다. 언급한 대표 스폿들이 불과 1~4km 거리에 있어서 차로 2~5분이면 닿는다. 특히 여행 기간이 짧은 여행자라면 이 리조트가 좋겠다. 청풍호가 연출하는 여러 풍경을 접하면서 다양한 액티비티와 레포츠를 누릴 수 있는 곳으로 최적의 위치다.

9 청풍리조트 레이크 호텔의 객실에서 바라본 청풍호의 일몰 10 베이형 구조의 탁트인 전경을 자랑하는 청풍리조트 힐 하우스 11 레이크 호텔의 모던한 객실

깨끗하고 모던한 객실

앞서 언급했듯이 이 리조트는 호텔식인 '레이크 호텔'과 콘도미니엄 스타일인 '힐 하우스' 두 개의 건물로 이뤄져 있다. 레이크 호텔의 객실 카테고리는 스탠다드, 수페리어, 패밀리, 스위트 네 가지인데, 이 중 수페리어는 올 여름에 최신식 리모델링을 마쳤다. 밝은 조명, 넓은 공간, 효율적인 가구 배치, 모던하고 깨끗한 욕실, 나무 톤을 살린 인테리어로 새것처럼 화사하고 깔끔하다. 30㎡ 넓이에 더블 베드 하나와 싱글 베드 하나가 있어서 2~3인이 투숙하기에도 충분하다. 인근 리조트들 중 어메너티를 가장 다양하게 갖췄으며, 객실에 제공되는 케이블 방송 채널 수도 가장 많고, 생수도 매일 두 병씩 제공되는 등 편의성이 압도적으로 앞선다.

부대시설은 딱 필요한 것만 알차게 갖췄다. 호수전망에 자연광이 가득한 실내 · 외 수영장, 호숫가의 셀프 바비큐장인 가든테라스, 전망 좋은 두 개의 레스토랑, 자그마한 카페 등이 있다. 특히 수영장과 가든테라스의 바비큐가 이곳의 자랑이니 놓치지 않는 것이 좋다.

알찬 구조와 시설, 뛰어난 가성비

이름처럼 언덕 위에 자리한 힐 하우스는 거실과 모든 방이 호수를 향하는 완벽한 베이형 구조여서 어느 방에 머무르건 호수와 자연채광을 듬뿍 누릴 수 있다. 또한 건물이 호수를 향해 부채꼴 곡선으로 펼쳐진 형태여서 크루즈의 객실 같은 앵글을 이룬다. 네 명 정원인 60㎡의 디럭스와 6명 정원인 86㎡의 주니어 스위트 모두 공간이 넉넉하고, 잘 관리하고 청소하고 있다는 만족을 준다. 부대시설로 한방 사우나, 예쁘장한 피크닉장, 코인 런드리, 마트, 도서와 컴퓨터가 있는 북스테이션 등 소소하게 시간을 보낼 수 있는 곳들이 많다. 참고로, 레이크 호텔과 힐 하우스는 475m 떨어져 있으며, 서로 다른 쪽의 두대시설을 이용할 수 있다. 다만, 수영장이나 사우나의 경우는 요금이 달라질 수 있다.

청풍리조트의 또 다른 미덕은 퀄리티 대비 가격이 낮다는 점이다. 모든 투숙객은 청풍호반케이블카를 비롯한 주변 관광지 할인을 받을 수 있다는 것도 기억하자.

제천시 청풍면 청풍호로 1798 043-640-7000

12

13

03 클럽ES제천

숲과 호수를 모두 품은 스위스 샬레 스타일의 리조트

입구에 들어서자마자 산간 언덕을 따라 이어지는 스위스 샬레 풍의 목조 건물들이 눈을 압도한다. 청풍호반의 남쪽에 자리한 회원 중심 리조트 클럽ES제천은 1996년 이 자리에 들어선 제천의 1세대 리조트다. 클럽ES제천에 이어서 한려수도 국립공원에 자리한 지중해 풍의 클럽ES통영리조트, 한라산 중산간의 클럽ES제주 리조트, 안나푸르나가 한눈에 들어오는 클럽ES 네팔 리조트 등이 국내외 곳곳에 지어졌다. 모두 그 지역과 지형을 잘 살려서 지었고, 리조트의 테마에 맞는 다채로운 문화 행사를 진행한다.

가장 먼저 지어진 클럽ES제천은 친환경 라이프와 아날로그 방식을 표방한다. 언덕 지형을 살려 숙소를 짓고, 길목마다 산책로와 등산로를 가꾸고, 너른 마당에 연못, 정원, 수영장, 바비큐장, 탁구장, 골프퍼팅장 등을 골고루 조성해 두었다. 나무 위에 지은 트리하우스가 눈길을 사로잡고, 풀밭에서는 간혹 오리와 토끼가 등장하며, 염소와 사슴 방목장도 발길을 끈다. 머무는 동안 자그마한 산간마을에서 다채로운 운동을 즐기고 동물과 어울리며 여유로운 시간을 보낼 수 있다.

자연에서의 친목과 화합을 제안하는 회원제 방식

체험 숙박을 위해 체크인 하던 날, 산장 같은 분위기의 리셉션에서 전자식 카드키가 아닌 묵직한 옛날식 열쇠를 건넸다. 함께 건넨 단지안내도는 여러 부 인쇄한 게 아니라서 체크아웃할 때 반납하는 게 원칙이었다. 친환경 리조트여서 인터넷이 안 된다는 안내도 받았다. 일종의 디지털 디톡스를 제안하는 듯했다.

숙소는 그야말로 청정 산간의 목조 주택 같은 느낌을 줬다. 객실은 단독별장형과 빌라형 두 가지이고, 구조 또한 20평형의 '스튜디오 타입 패밀리'과 30평형의 '투룸 타입 로얄' 두 가지다. 전용면적이 다른 리조트보다 월등히 넓다는 것이 자타공인 최대의 장점으로, 거실과 부엌과 방 모두 넉넉한 공간을 자랑한다. 시원한 테라스 앞 우거진 나무 너머로 멀리 청풍호가 어렴풋이 아른거려 전망도 운치 있다.

숲 속 별장을 표방하는 이 회원 중심 리조트는 자연에서의 힐링에서 한 발 더 나아가, 문화 생활과 교류의 장을 제안한다. 야외에서 포크송 공연이 펼쳐지거나 정원에서 클래식 명화가 상영되기도 하며, 전문가를 초청해 미술 강좌 같은 것도 열린다. 단지 내에 도예방, 두부가마 등 소소한 체험 공간도 마련돼 있다. 문화 활동을 하면서 자연스럽게 이웃과 어울리는 것을 즐기는 이들에게 어울리는 리조트다.

제천시 수산면 옥순봉로 1248 02-508-2323

12 스위스 샬레 스타일로 지어진 클럽ES제천 13 거실과 부엌의 면적이 넓어 온가족이 이용하기 좋다 14 비 오는 아침 숲 내음 가득한 클럽ES제천의 풍경

15 한 번에 한 예약만 받는 독채 펜션 수수헌 16 17 호숫가 바로 앞에 있어서 환상적인 뷰를 자랑한다 18 바비큐와 캠프파이어를 할 수 있다

04 수수헌

개인 별장을 개조한 호숫가 독채 펜션

좁고 긴 외딴길로 한 참을 들어가 수수헌(秀水軒)에 도착하면 탄성이 이어진다. '물가의 빼어난 집'이란 이름 값을 톡톡히 하는 곳이었다. 주인장은 25년 전 호수가 보이는 땅에 별장을 지어 주말에 오가다가, 숙소로 빌려주기 시작했다. 자신을 위해 지은 곳이었던만큼, 꼼꼼히 설계하고 공들여 지은 티가 난다.

펜션 마당에서 청풍호가 손이 닿을 거리에 있고, 호수 너머로 비봉산과 대덕산이 나란히 있는 풍경이 이 집의 최고 매력이다. 섬세하게 가꾼 정원, 바비큐장, 캠프파이어, 홈카페테리아, 토마토와 고추가 자라는 텃밭도 있다. 특히 봄에는 벚나무와 이팝나무가 만발해 낭만을 더한다. 호텔 라운지 같은 거실에는 여럿이 앉을 수 있는 고재 테이블과 한쪽 벽면을 근사하게 채운 책장이 있고, 2층까지 탁 트인 높은 천정은 개방감을 준다. 통유리 너머로 펼쳐지는 청풍호를 배경으로 근사한 가든 파티도 가능하다. 1층엔 거실, 부엌, 방 세 개, 화장실 두 개가 있고, 2층엔 방 하나와 사무 용품을 갖춘 오피스룸이 있다. 바비큐와 다도체험도 가능하다. 중국에서 차 소믈리에 과정을 이수하고, 한국에서 티 인스트럭터 과정을 공부한 차 소믈리에인 주인장이 리드하는 다도체험도 할 수 있다. 취향있는 개인 별장에 초대 받은 듯한 기분을 듬뿍 느낄 수 있는 특별한 숙소다.

제천시 청풍면 청풍호로42길 87 010-8924-1352

05 월악산 유스호스텔

5성급 부럽지 않은 자연 속 호캉스

월악산 자락과 호수 사이에 자리한 월악산 유스호스텔은 젊은이들을 위한 저렴한 숙소가 '유스호스텔'이란 편견을 (누군가 그런 생각을 가지고 있다면 말이다), 그 생각을 저 멀리 던져놓고 만날 곳이다. 1999년 설립한 이래, 2021년, 2025년 두 번의 대대적인 리모델링을 거치면서 아름다운 취향과 트렌드를 덧입은 후 힙스터들의 방문이 이어졌다. 입소문을 타고 재방문객들이 많아지면서 매월 1일 오전 9시에 오픈되는 온라인 예약 페이지는 단 몇 분 안에 마감될 정도다. 통창 너머로 호수를 감상할 수 있는 객실, 통나무 오두막을 오마주한 공간, 반려견 동반이 가능한 객실, 가족형 도미토리까지 16개의 객실은 선택의 폭이 넓지만, 예약할 수 있는 인원은 제한적이다. 야외 수영장에서는 호수와 산을 배경으로 물놀이를 즐길 수 있고, 저녁에는 바비큐와 불멍으로 하루를 마무리할 수 있다. 이곳의 매력은 자연 속 고요다. 도시의 소음을 벗어나 자연의 침묵 속에서 머무는 경험은 특별한 치유의 시간을 선사한다. 도시의 5성급 호텔 못지않다는 반응이 쏟아져 나오는데는 이유가 있다. 아름다운 건축, 미니멀한 인테리어, 트렌디한 굿즈, 취향을 저격하는 공간들이다. 내추럴 와인, 와플과 커피를 즐길 수 있는 조식당 '레이크앤마운틴'에 잠시라도 앉아 있어보면 이 감성을 느낄 수 있다. www.woraksan.co.kr

19

06 시내권 여행자를 위한 숙소

게스트하우스의 반란

원도심 활성화를 목표로 제천시가 '도심권 게스트하우스 조성사업'의 일환으로 만든 숙소들이 있다. 편리한 입지, 합리적인 가격, 카페 등 젊은 여행자들을 위한 부대시설을 갖춘 숙소들은 엽연초하우스, 칙칙폭폭999, 목화랑, 그리고 휴가게스트하우스에 이른다. 먼저 옛 엽연초생산조합 사옥 건물을 리모델링한 엽연초게스트하우스는 1층에 카페, 2층에는 8개의 객실이 있다. '칙칙폭폭 999 게스트하우스&카페'는 제천역 주변이라 입지가 좋다. 6실의 숙소는 인기 만점이라 예약이 쉽지 않다. 과거 목화장여관 건물을 리모델링해 개관한 '목화랑'은 지하1층 목화 파티룸과 1층 카페, 2층 목화 멤버 전용 북카페, 3-4층에 게스트하우스를 만들었다.

휴가 게스트하우스는 숙소에서 여유롭게 머무르며 카페, 옥상정원, 바비큐 같은 부대시설을 즐기고 싶은 사람들에게 인기다. 총 11실, 수용 인원은 약 53명 규모의 숙소다. 이들 게스트하우스들은 침대방, 온돌방, 가족실, 도미토리형 등 다양한 타입으로 구성되어 혼자 오는 여행자 뿐만 아니라 단체, 가족, 친구여행 등에도 고려해 볼만 하다.

20

21

19 휴가게스트하우스의 부대 시설인 휴가카페는 여행자들의 휴식처가 되어 준다. 20 목화랑의 침실룸은 2인까지 숙박이 가능하다. 21 엽연초의 2인실룸. 가족여행자들까지 배려한 가성비 넘치는 숙소다.

05

Gourmet

미 식

미식의 기준이 자연주의로 회귀하고 있는 지금,
가장 트렌디한 음식은 자연에 가장 가까운 식탁이다.
제천은 자타공인 미식의 도시다.

가장 '제천'다운 상
대보명가

'대보명가'는 전국에서도 손꼽히는 약선요리 전문점이다. 약재로 육수를 내고, 산야초를 다듬어 요리하고, 껍질과 뿌리도 육수에 쓰거나 차로 우린다. "마크로비오틱 요리가 오래전부터 주목받고 있는데, 제천이 바로 마크로비오틱의 고장이에요. 산야초는 뿌리부터 껍질까지 버리는 것 없이 다 먹죠."라고 권인옥 대표는 말한다. 대보명가는 제천에서 나고 자란 권대표가 친구인 안창호 대표, 동생 권희상 대표와 의기투합해 2007년에 문을 연 식당이다. 오랜 연구 끝에 대표 메뉴, '제천약초쟁반'이 탄생했다. 송이, 능이, 표고, 산뽕잎, 곤드레, 은행, 호두, 잣, 연자육, 구기자가 가지런히 담긴 동그란 쟁반 한가운데 약재를 달여 죽염으로 간을 한 육수를 붓는다. 약재 물에 삶아낸 아롱사태, 양지, 우설 수육 한 접시도 곁들여 나온다. 쟁반이 끓기 시작하면, 수육을 육수에 살짝 담가 야채, 버섯 등과 함께 먹는다. '버섯이 이렇게 맛있는 채소였지', '은행이 이렇게 야물고 고소한 거였지' 하면서 입안에서 새삼 천천히 음미하게 된다. 약초 국물은 깊고 담백해 수프 마시듯이 마셔도 물을 켜지 않는다. 우리 밀을 약초 물로 반죽해 만든 손국수까지 넣어 끓여 먹으면 약초쟁반의 대단원의 막이 내린다. 또 다른 대표메뉴인 '제천약초밥상'은 '남자 밥'과 '여자 밥'이 다르다. '남자 밥'은 인삼, 백출, 감초 등 원기를 북돋는 약초 달인 물로 지어 콩, 대추, 호두를 올리고, '여자 밥'은 참당귀, 천궁, 숙지황 등 기혈을 보하는 약초 달인 밥물에 은행, 호두, 대추를 올린다. 마 튀김을 비롯한 전채요리가 세 가지 나오고, 갖가지 요리와 반찬이 밥과 함께 차려진다. 대부분 약초와 산채를 사용한 요리들인데도 쓰거나 질기지 않고 보들보들 감칠맛이 난다. 재료의 속성을 이해하고 그에 맞게 조리하면 약성도 살리고 맛도 좋아진다고. "줄기가 가늘고 잎이 풍성한 건 나물을 하고, 줄기가 굵고 단단한 건 장아찌나 김치를 담가요. 쓴맛이 강한 약초는 한번 우려 차로 내고, 쓴맛이 빠진 것을 요리에 사용하면 되지요." 감칠맛은 양파 속껍질, 파 뿌리, 버섯 가루, 새우 가루, 볶은 현미, 볶은 황태 가루, 고추씨 등이 담당한다. 우리 콩으로 직접 담근 재래된장은 조물조물 양념하고 개어서 쓰면 부드럽고 감칠맛이 난다. 얼마나 재료 손질에 손이 많이 가는지, 식당 옆에 100평 규모의 작업장이 따로 있을 정도다. 제철 재료를 들여와 저마다의 속성에 맞춰 급속냉동하거나 말리거나 장아찌를 담근다. 올해처럼 비가 많이 와서 이웃 농장의 복숭아가 상품으로 나가기 어려워지면, 그걸 사다가 무른 부분을 도려내고 과육을 잘 손질해 장아찌나 청을 담근다. 식당에서 흔하게 쓰기 어려운 산 뽕잎, 오가피, 곰취, 산나물, 엄나무 순 같은 것들은 4만 5천 평에 달하는 땅에서 직접 키운다. 참깨와 들깨도 직접 생산한 것과 계약 농가의 것을 보태 기름집으로 가져간다. 식재료에 대한 연구, 요리에 대한 정성과 열정은 맛을 보면 누구나 아는 법. 제천뿐만 아니라 서울에도 직영점을 냈다. 그동안 전국한방요리 대회를 비롯한 여러 대회에서 상도 많이 받았고, 전직 대통령을 비롯한 유명 인사들이 많이 다녀가기도 했다. 본격적인 발효 연구를 위해 제천한방엑스포공원에 발효연구소를 세워 연구와 수업도 진행하고 있다. 권대표는 무엇보다 재료를 연구하고 다루는 것이 재미있고 보람 있다고 말한다. "오늘 먹은 것이 내일의 내가 된다는 말이 있죠? 오늘보다 내일이 나은 식당을 만들고 싶어요."라고.

제천맛집

90여 개의 맛있는 방문지

제천에서 현지인들이 꼽는 인기 식당들이 궁금하다면 시청이 선별한 〈제천맛집〉을 참고하자. 〈제천맛집〉의 리스트는 지금 이 순간에도 발굴되고 있으며 약 90여 개에 이른다. 디렉토리 페이지에 다수의 제천맛집이 수록되어 있으나 이 지면에는 특별히 다섯 곳을 골랐다.

❶ 고원갈비

품격 충만 갈비집

제천 갈비 골목에 위치한 고원갈비는 시내 한가운데 위치하지만, 주차장이 완벽하게 잘 갖추어져 있다는 것이 큰 장점이다. 한옥의 특징을 그대로 잘 살려 정성스럽게 리모델링한 외관은 한눈에 고급스러움을 풍기고 있었고, 내부는 모두 개별 룸들로 구성되어 있어 회식이나 손님 접대에도 좋겠다 싶다. 방으로 안내받으면서 제일 먼저 드는 생각은 비싸겠구나! 메뉴를 펼치니 소갈비 외에도 돼지갈비와 삽겹살, 단품메뉴로는 설렁탕, 해장국까지 있어 의외다 싶으면서도 반갑다. '고관대작'이라 불리는 최고급 국내산 소갈비만 변동 가격이고 양념소갈비는 33,000원, 돼지갈비는 15,000원으로 가격도 좋다. 깔끔한 반찬들이 먼저 상에 올려지는데, 그중 양념게장은 현지인들이 꼽는 이 집을 좋아하는 이유 몇 가지에 꼭 등장한다. 고기는 말할 것도 없고. 고기를 구워주는 대표에게 좋은 재료 이외의 다른 비법이 있는지 슬쩍 물으니, 특급호텔 주방에서 사사받은 양념이라 말한다. 점심 최고 인기 메뉴는 일 인당 13,000원이면 푸짐하게 나오는 좌의정 세트다. 맛은 기본이고, 분위기와 서비스에 비해 부담스럽지 않은 가격대의 메뉴들도 갖추고 있어 가볍게 방문해도 좋겠다. 20년 내공의, 갈비집 하면 제일 먼저 생각나는 곳이라던 현지인의 추천에 고개가 끄덕여질 수 밖에 없다.

❷ 산마루

파릇파릇 봄철 곤드레나물의 향긋한 밥상

산마루는 곤드레나물과 각종 약초로 한상차림을 내놓는 곤드레나물밥 전문점이다. 대표 메뉴는 돌솥 곤드레나물밥에 불고기, 애호박전, 고추 튀김 등과 각종 반찬이 골고루 나오는 '나물밥상'이다. 더덕구이와 황태구이가 더해지고, 곤드레나물밥 대신 영양밥을 선택할 수 있는 '정식밥상'도 인기가 좋다. 산마루가 처음 문을 연 17년 전만 해도 곤드레나물밥을 하는 식당이 흔치 않았다. 이 집 곤드레나물밥이 특별한 이유는 건 나물이 아닌 생 곤드레를 쓴다는 점이다. 매년 4~5월 채취한 곤드레 어린 잎을 바로 삶아, 영하 30도로 급랭시킨다. 이렇게 하면 건 곤드레나물과 질감과 색깔이 완전히 다르게 된다. 식감도 부드럽고 색깔도 파릇파릇하다. 익히기 전 초록빛 도는 곤드레를 손님들에게 꼭 보여주는 이유다. 생채 곤드레나물은 산뜻하게 양념간장에 비벼 먹는 게 맛있다. 요리와 반찬에는 엄나무 순, 오가피 순, 두릅 순, 잔대 순, 머위, 구기자 순 등과 함께 각종 채소가 듬뿍 쓰인다. 무르지 않고 아삭한 호박전, 특유의 냄새를 잠재운 샐러리 장아찌, 식감이 살아 있는 머위, 양념을 자작하게 올린 가지, 고소한 두부 브로콜리 무침 등에 자꾸만 손이 간다.

❸ 질고개쌈밥

열 다섯가지 쌈채에 갓 잡아 숙성한 삼겹살

청정 자연의 고장 제천의 쌈밥 스케일은 뭔가 다르다. 일단, 쌈 채소의 종류와 선도가 월등하다. 당귀, 케일, 컴프리, 적겨자, 청겨자, 청경채, 알 배추, 청 로메인, 레드 치커리, 삶은 양배추, 쪽파, 깻잎, 상추, 쌈추 등 계절에 따라 최대 열다섯 가지에 이르는데, 대부분이 직접 공들여 키운 것들이다. 다른 쌈밥집에선 본 적 없는 것이 많아서 이름을 물으면 주인이 술술 읊으며 알려주는데, 대부분 당일 아침에 딴 신선한 것들이다. 원래 쌈밥은 불고기나 제육볶음이 나오는 게 일반적인 조합이 아닌가? 이 집은 갓 잡아 급랭 숙성한 국내산 암퇘지 삼겹살이 등장한다. 테이블 위는 갑자기 삼겹살을 굽느라 분주해진다. 대파 대신 쪽파로 담근 파절임과 맛있는 김치까지 한몫하니, 금방 고기 접시가 빈다. 삼겹살 추가요! 여러 가지 채소를 갈아서 직접 볶아 만든 쌈장도 맛있다. 택배 요청이 많지만 변질될까 우려되어 보내지 않는다고 할 정도로 짠맛이 덜하다. 한 자리에서 21년째 같은 맛을 유지해 오고 있는 노포다.

❹ 두꺼비식당

제천에서 출발한 전국구 등갈빗집

얼마 전 tvn 예능 프로그램 '더 짠내투어'에 두꺼비식당이 등장했다. 그 이전에도 많은 프로그램에서 언급했던 바, 안 그래도 손님이 많았는데, 방송 후 더 바빠졌다. 2003년에 오픈해 전국구로 유명해진 이 식당은 등갈비를 산지와 직거래 하고 식당 옆에 정육점을 열어 바로 수급해 손질함으로써 가격을 낮출 수 있었다. 매콤달콤하고 진한 등갈비는 중독성이 강하다. 함께 반찬으로 나오는 메밀전은 금방 추가 주문을 할 수밖에 없다. 단짠 갈비가 있으니 곤드레밥도 곁들여 먹어야지. 전이 있으니 반주도 한잔? 스트레스 풀리는 맛이 그리울 때, 매콤한 소주 안주가 그리울 때 제격인 곳이다.

❺ 건강밥상 신월

정직한 한식의 정석

건강밥상 신월'은 멀리서 찾아갈 만한 화려함이나 과대 포장된 프리미엄은 없지만 누구나 긍정할 만한 "정직한 한식"의 정석이다. 정성스레 차린 한끼는 돌솥밥, 다양한 반찬, 정갈한 한 상, 그리고 공간의 아름다움까지 더해져 만족감을 준다. 제천 시내 주택가 안쪽에 조용히 자리했지만 여행자들 사이에서도 서서히 입소문을 타고 있는 중. 테이블 간격이 넉넉해서 조용히 식사하고 싶은 이들과 부모님, 어르신들에게 정갈한 한 끼를 대접하고 싶을 때 방문하면 좋다. 이곳의 한정식은, 기본 솥밥 정식부터 게장, 갈비, 제육불고기까지 다양하다. 푸짐한 반찬들과 된장찌개, 게장, 솥밥, 누룽지까지 한국인이라면 누구나 좋아하는 상차림이다.

약채락

22곳의 명불허전 제천 대표맛집

제천시는 약초나 한방을 접목한 음식들을 보존하고 더 널리 알리기 위해 2008년 '약채락'이란 브랜드를 만들어 오랫동안 공들여 키워왔다. 제천에서 생산되는 11대 GAP 우수 약초를 주로 사용하는 음식점들을 선정했는데 기준이 까다로운 편이다. 현재는 22개 업체가 약채락 업소로 등록되어 있다. 약채락은 '약이 되는 채소를 먹으면 즐겁다'는 뜻이다. 식당들은 대부분 식재료를 직접 생산하거나 지역 내에서 생산한 것들을 사용하며, 유기농 식재료를 강조하는 곳도 많다. 2025년에는 밀가루 대신 쌀가루를 사용하거나 전통 식재료를 활용한 빵과 음료를 내는 카페들이 추가로 리스팅 되었다. 4월의 밀밭, 솔솔, 카페1929, 앙트베이커리, 맛남제과가 그들이다.

열두달 밥상
청정마을 박달재, 그리고 힐링밥상

선비들의 과거 시험길, 마땅한 교통수단도 없던 그 시절 박달재는 최고의 장애물이었다. 산적과 호랑이가 출몰하던 옛 이야기도 여기서 나왔고, '울고 넘는 박달재'란 유행가도 생각난다. 박달재에는 금봉과 박달의 슬픈 사랑 이야기가 숨어있다. 조선의 선비 박달이 과거 시험 보러 가던 길에 고갯길의 촌가에 하룻밤 묵으면서 어여쁜 낭자 금봉과 사랑에 빠져 혼인을 언약했으나, 이를 지키지 못해 금봉이 죽음에 이르게 되는 비극. 그 뒤로 이 고개는 박달재로 불렸고, 박달과 금봉은 박달재의 마스코트로 남았다. 박달재 주변엔 수준 높은 식당들이 자리한다. 옹골찬 장독대들과 텃밭만 봐도 내공이 느껴지는 '열두달밥상'의 주인은 그녀가 나고 자란 집의 한 켠을 개조해 약선요리를 선보이고 있다. 숙명여대에서 약선요리를 배우고, 덕소에서 약선음식을 오랫동안 하다가 이곳에 식당을 연지 올해로 6년째, 인근에 위치한 리조트 손님들에게는 이미 최고 인기 식당이 되었다. 콩, 고추, 찰옥수수 등 각종 텃밭 채소들은 직접 키우고 나머지 식재료는 산골짜기 오염 없는 청정 농장에서 받는다. '가마솥 약초밥상'은 기와 혈을 보하는 팔물탕으로 지은 밥에 나물 반찬들이 함께 상에 오른다. 민들레 잎을 올린 돌솥밥이 나오는 '하얀 민들레밥'과 함께 이 집의 대표 메뉴격이다. 하얀 민들레는 강장 작용을 도와주는 약채다. 그 외에도 머위, 방풍, 취, 돌미나리, 고구마 줄기, 달래, 곰취, 오가피 등의 나물 반찬과 장아찌들이 화려하게 테이블을 수놓는다. 맛나게 무쳐 낸 시골 도토리묵까지 숟가락에 올리면 마음이 따뜻해지고 누군가 나를 위로해 주는 느낌이 든다.

산아래

재료 자부심

배론의 남동쪽 장평에도 짙푸른 산자락들이 이어진다. 이름처럼 야트막한 산 아래에 있는 '산아래'식당은 조금 특별한 곳이다. 사촌 동생 강은순 대표가 음식을, 박태현 대표는 운영을 맡고 있는데 활달한 성격의 박대표는 만나자마자 '자신의 몸에 들어가는 것이 어디서 오는지 알아야 한다. 모르면 '식맹'이다.' 라며 대뜸 음식 교육을 시작한다. 흰쌀 대신 발아 현미, 수입 밀가루 대신 통밀가루, 설탕 대신 조청, 양계장 계란 대신 자연방사 유정란만 고집하는 이유는 기본적인 인간의 삶이 기업의 이윤 추구 논리 위에 놓여 있는 걸 알기 때문이다. 이 식당을 거쳐가는 사람만이라도 '식맹'은 면하게 하고 싶다는 열정이 보였다. 이 집의 정체는 우렁 쌈밥, 한방 수육쌈 등의 메뉴가 있는 유기농 쌈밥집이다. 신선한 채소, 새벽에 만든 뽀얀 두부, 오로지 감자만 갈아 만든 감자전, 듣도 보도 못한 귀한 반찬들이 테이블 위에 수북하다. 여기서 만든 유기농 막걸리, '산아래'도 맛이 꽤 좋다. 제천 명물 빨간 오뎅은 시장 음식을 맛볼 기회가 없는 시간 없는 여행객들을 위한 세심한 배려다. 떡갈비 식당인 '산아래 석갈비', 리솜 포레스트 내 주막 '별채', 김치찜 요리전문점인 '밥벗박달로62'도 함께 운영하고 있다.

바우본가

몸과 마음을 채우는 시간

시내에 위치한 '바우본가'는 대표적인 약선요리 식당 중 하나다. 1980년 부터, 근 45년 동안 손님 밥을 지었다는 박화자 요리연구가가 있는 곳, 그녀는 순채 전문가다. 순채는 자그마한 연꽃 잎 처럼 생긴 수련과에 속하는 식물로 의림지에서 자생했었다는 기록이 세종실록에 나온다. 동의보감에는 순채가 백 가지 독소를 해독한다 했다. 오미자차에 꿀을 넣고 순채를 띄워 임금께 올렸다는데, 바우본가에서도 그 차를 마실 수 있다. 기관지에 좋은 새콤한 오미자와 젤리처럼 호로록 마실 수 있는 독특한 식감의 순채는 잘 어울리는 조합이다. 한입 마시고는 모두 눈이 동그래진다. 식전 순채차로 바쁜 마음을 가라 앉히고 나면 구기자 황기 해물 누룽지탕, 치자전병, 설연버섯(흰목이버섯)과 오징어 식해, 감국 해물 누룽지, 황기 견과류 북어 구이, 울금 떡갈비 등이 한 상 가득 차려진다. 대표메뉴인 수라정식을 주문했다. 하나하나 재료와 조리법이 궁금해 여러 번 살펴보고 음미하고 질문하게 된다. 나이도 있고 해서, 이제 식당을 그만 할까 생각한 적도 있었는데, 몸은 편해도 손님들이 그리워 병이 날 것 같았다고. '충청북도 한방요리 비법전수자', '1 · 2대 약선음식 연구 회장', '대통령 표창' 등의 화려한 이력들을 뒤로 하고 박화자 대표는 자신을 그저 주방에서 손님 밥을 지어야 행복하고 힘이 나는 사람이다.

제천 가스트로투어
미식과 관광의 천상의 궁합

'제천 가스트로 투어'는 문화관광해설사와 함께 제천시 맛집을 방문하는 골목길 먹거리 탐방 여행이다. 해설사와 동행하여 두 시간 동안 4~5군데를 탐방하며 제천 관광 정보나 역사, 이야기까지 덤으로 함께 들을 수 있다. 4인 이상만 모이면 가능하고 시티투어 홈페이지(citytour.jecheon.go.kr)에서 원하는 코스를 선택해 예약하면 된다. 시내권 A코스와 B코스, 두 가지를 운영하고 있었는데 폭발적인 반응과 수요로 최근 의림지 코스를 추가했다. 기존 시내권 가스트로 투어가 도심 속을 유람하며 맛집을 찾는 특색이 있다면 의림지 가스트로 투어 코스는 의림지 솔향과 함께 맛집을 즐길 수 있는 미식여행 코스다.

의림지 투어는 제천10경 중 제1경인 의림지를 만날 수 있다는 점이 큰 매력이다. 제천 시민들의 휴식장소이며 최대 관광지인 의림지는 제천 여행에서 빠질 수 없는 곳이므로 1타 2피, 꿩먹고 알먹는 기분이다. 의림지 A코스는 호반식당의 생곤드레밥을 시작으로 카페 커피플러스제이에서 의림지를 형상화한 맛있는 디저트와 커피를 즐긴다. 이어 솔밭공원을 거쳐 다원애 전통찻집에서 궁중 쌍화차를 맛보고 낭만짜장으로 이동해 크림탕수육과 쟁반짜장을 먹는 코스다. B코스는 오디향 뽕잎비빔밥으로 허기를 달랜 후 카페피노의 티그레와 홍차를 즐기고 제2의림지(비룡담저수지)로 이동한다. 호수 위 데크 길을 걸은 후 카페꼬네에서 수제 빵과 커피를 함께하고 약선재로 이동해 오미자차와 궁중다과를 체험하는 코스였다. 가스트로 투어는 '조금씩 여러 곳을 다니며 맛을 본다'는 원래의 취지와는 사뭇 다르게, 다양한 메뉴를 푸짐하게 먹게 된다. 배를 두드리며 다니다가 본의 아니게 저녁 식사는 가볍게 해야 하는 단점이 있다. 미식과 관광이 결합된 최고의 제천투어 상품이 아닐까.

제천 가스트로투어

- **코스안내**
  시내권 A코스(덩실분식~마당갈비~상동막국수~샌드타임~빨간오뎅)
  시내권 B코스(대장금식당~상동막국수~아침햇살 떡 베이커리~빨간오뎅~제천맥주)
  의림지권 A코스(호반식당~커피플러스제이~다원애~낭만짜장)
  의림지권 B코스(오디향~카페피노~카페꼬네~약선재)
- **100% 사전예약제**
- **최소 4명 이상, 최대 15명 이용 가능**
- **비용: 시내권 1인 26,000원, 의림지권 27,500원**
- **문의: 제천시관광협의회(043-647-2121)**
- **홈페이지:citytour.jecheon.go.kr**

Lake and the Villages

호 숫 가 에 살 어 리 랏 다

제천을 여행하면서 문득 한 달쯤 제천에서 살고 싶다는 생각이 들었다. 호수를 따라 청풍, 수산, 덕산을 여행하다가 마을 사람들의 사려 깊은 일상에 마음을 빼앗겼기 때문이다.

호숫가 물태리의 일상적인 카페와 빵집

이름도 예쁜, 비봉산 전망대가 있는 동네, 청풍면 물태리에 집을 한 채 얻을 수 있으면 좋겠다 생각했다. 아침마다 고소하게 빵을 굽는'물태리 빵집'에서 가서 모닝롤에 커피 한 잔 해야지. 주인장은 '빵집이 다 비슷하죠 뭐'라고 웃으며 말하지만, 실은 서울까지 소문난 전국 빵지순례지 중 하나다. 천연발효종을 사용하고 개량제나 유화제는 배제하며 여러 가지 곡물을 듬뿍 써서 빵을 만든다. 호밀과 각종 잡곡을 사용한 깜빠뉴 '시골 빵', 하루 전부터 탕종과 폴리쉬 반죽을 해서 만든 쫄깃한 식빵인 '그냥 식빵', 커피와 잘 어울려서 '커피프렌즈'라고 이름 붙인 모닝롤 등 정성껏 만든 재미난 이름의 빵들을 판다. 작은 베이커리 카페의 한쪽엔 책이 가득하며, 가끔 그림 전시도 열린다. 청풍면 소속 소방관과 경찰관들에게는 빵값을 반만 받는다는 원칙도 있다. 무심한 듯 사려 깊은 주인장의 철학이 곳곳에서 묻어나는 곳이다.

물태리에 머무는 동안 서울에서 친구가 오면 아끼는 맛집인 '사과나무집'에 데려가야겠다. 옆 동네인 대류리에 있는 손두부 집인데, 매일 직접 콩을 갈고 가마솥에 장작을 때서 손두부를 만든다. 주인장의 선대에서부터 사과 과수원을 운영하면서 콩을 비롯한 여러 작물을 재배하다가, 사과즙과 청을 요리에 활용해 식당을 연 지 어언 8년째다. 매일 새벽 네 시부터 두부를 만들어 아침 일곱 시 반에 문을 열고 재료가 소진되면 문을 닫는다. 손두부 찌개, 손두부 버섯전골이 대표 메뉴이고 여름엔 시원한 열무 사과 국수도 말아준다. 두부는 옹골지게 고소하고, 국물은 맑고 정갈하며, 장아찌와 김치는 아삭아삭 상큼하다. 식후엔 물 한 방울 안 넣은 사과즙을 주는데 그걸 마시고 나면 '아, 잘 먹었다'하는 소리가 절로 나온다. 무엇보다도 물태리의 절정은 늦봄 벚꽃 풍경이다. 이땐 시골 마을이 불난 떡집처럼 들썩인다고. 겪어보지 못해 상상만 할뿐이지만...

1 1958년에 지어진 시골 호숫가 조용한 교회 '신리교회'

2 덕산면 주민들의 따뜻한 아지트인 '플레이스4'

남쪽의 수산면까지 자드락길 산책 혹은 자전거 라이딩

호숫가에 살면서 가장 하고 싶은 일은 호반을 따라 남쪽의 작은 마을들로 산책 가는 것이다. 자드락길을 따라 수산면까지 천천히 걸어가도 좋을 것 같다. 청풍호 자드락길 7개 코스 가운데 1코스 '작은동산길'만 청풍면이고, 2~7코스는 아랫동네인 수산면에 속한다. 특히 6코스 '괴곡성벽길'은 산자락 능선과 호수의 물길이 장쾌한 경관을 이룬다. 옥순봉 쉼터에서 출발해 청풍호 카누 · 카약장을 지나고, 과거에 성벽 길이었던 산길을 따라 수산면 지곡리까지 총 9.9km, 약 4시간 걸린다. 등산 삼아 반나절쯤 다녀와도 좋지 않을까? 자전거를 타고 바람을 살랑살랑 가르며 달리기 좋은 길도 있다. 청풍대교를 건너 복사꽃 마을 도화리를 지나고, 얼음골 능강계곡을 스치면, 능선이 고운 금수산 자락에 도착한다. 야트막한 고사리봉 언덕 앞의 귀여운 카페 '글루글루'에서 한숨 돌리면 좋다. 이 카페의 매력은 길 건너 호숫가에 자그마한 나무 테이블과 의자가 마련돼 있다는 것! 글루글루 공식 포토존이자, 노을 명소다. 저마다 호수를 향해 커피잔을 뻗어 들고 인증샷을 찍는 장소랄까. 이 동네에 살게 되면 커피 잔 들고 '오늘도 청풍호 노을 한잔' 같은 느끼한 멘트로 소셜미디어에 일상 자랑을 할 수 있을지도 모르겠다.

학교와 마을이 함께 꿈꾸며 살아가는 곳, 덕산

수산에서 더 깊숙이 산자락 마을로 들어가면 덕산면이다. 생태주의를 표방하는 중고등과정 대안학교 '간디학교'가 있는 마을이다. 1997년에 경남 산청에 처음 생긴 후, 2002년 9월 덕산면에도 생겼다. 남다른 교육관을 가진 교사들과 학부모들이 덕산에 새로운 둥지를 틀면서 마을에 변화가 일었다. 아이들이 음식을 만들어 지역 노인들을 방문했고, 학교와 마을이 요가를 비롯한 여러 가지 동아리 활동을 시작했으며, 동네 주민들이 남성합창단도 결성했다. 그러다 이 마을에 애착이 생겨 아이가 졸업해도 떠나지 않고 정착하는 부모들이 생기고, 졸업생이 돌아와 직업을 갖고 뿌리를 내리기도 한다고 교사들은 말한다. 아이들의 빵 만들기 작업장으로 출발한 '누리마을 빵 카페'는 졸업생이 돌아와 셰프를 맡으면서 어엿한 베이커리 겸 카페테리아로 운영되다가 최근 '플레이스4' 로 업장 이름을 바꾸고 카페 겸 레스토랑으로 운영한다. 카페 앞에는 무인 판매 냉장고도 있다. 마을 주민들이 농산물이나 찬거리를 가격표와 함께 넣어두면, 누구든 맘에 드는 것을 골라 장부에 적고 저금통에 돈을 넣으면 된다.

현지의 맛

무엇보다 덕산에서 애정하는 곳은 베트남 현지의 맛이 고스란히 담긴 쌀국수집 '아오바바'다. 베트남 남부에서 이 마을로 시집온 띠엠(Tiem)이 고향의 맛이 그리워 요리를 하고, 지역민 여성이 운영한다. 반미 샌드위치는 빵 반죽부터 직접 하고, 고수도 주민들과 함께 직접 키운다. 10시간 이상 고아 낸 육수의 베트남 쌀국수와 반달 모양의 바삭한 베트남 식 부침개 반세오를 먹고는 재료 본연의 순수한 맛에 감동해 "고마워요 띠엠, 또 올게요"하고 몇 번이고 인사를 했었다. 말갛고 앳된 얼굴의 띠엠은 요리를 하는 것이 즐겁다며 수줍게 웃었다.

3

4

5

6

대한민국의 중간이자 동서남북의 길목이 바로 여기

“여기가 대한민국의 중간쯤이에요. 웬만한 곳은 차로 3시간 이내로 갈 수 있어서 여행 다니기 좋아요” 덕산면의 작은 책방이자 독립출판사 ‘심심한 책방’ 주인장의 말이다. 그 말이 호숫가에서 한 달쯤 살아보고 싶다는 생각에 더욱 불을 지폈다. 심심한 책방은 그림책 작가 신혜원과 만화가 이은홍 부부의 작업실이자 사전예약제 책방이다. 경상도 여자와 전라도 남자가 결혼해서 경기도에서 살다가 세 지역의 중간인 제천의 덕산으로 내려온 지 15년쯤 됐단다. 그들의 라이프스타일은 홈페이지와 페이스북을 통해서도 볼 수 있는데 ‘까칠한 혜원씨’와 ‘친절한 은홍씨’라는 두 사람의 캐릭터가 통통 살아 숨 쉰다. 부부는 이곳에서 텃밭을 가꾸고, 그림을 그리고, 독립출판을 하고, 책방을 운영한다. 책방은 예약제로 목~일요일 오전 11시부터 해질 때까지만 문을 연다. 이곳의 책은 부부의 아이덴티티와 어울리게 그림책과 만화책이 주를 이룬다. ‘까칠한 혜원씨’가 작은 출판사의 책이나 숨어 있는 좋은 작품들로 선별한다. 공간이 작아 포함되지 못한 책이 아쉬운 은홍씨는 ‘친절한 은홍씨와 책동무하기’ 프로그램을 통해 사람들에게 책을 보내준다. 연회비를 내면 연간 여섯 권의 책과 책방 소식, 그리고 깜짝 선물까지 받아볼 수 있다. 책을 통해 소통할 수 있는 멋진 방법인 듯하다.

호수가를 따라 청풍에서 덕산까지 여행하고 돌아오던 날, 자꾸만 뒤를 돌아보며 떠나는 걸 아쉬워했었다. 호숫가에서 만난 사람들의 여유가, 인심이, 농담이 좋아서 떠나기 싫었다. 그곳으로 이주해 정착한 사람들에게서 묻어나던 단단하고도 느긋한 마음이 벌써 그립다.

Editor 나보영 Photographer 김경수

7

8

9

3 간디학교 교사가 운영하는 쿠킹 스튜디오 ‘4월의 밀밭’
4 베트남에서 결혼 이주한 여성이 요리하고 있는 베트남 식당 겸 카페 ‘아오바바’
5 아름다운 전망, 맛있는 빵과 디저트, 정성들여 내린 커피 맛으로 덕산의 대표카페로 자리잡은 4월의 밀밭 6 ‘플레이스4 ’의 요리들 7 8 9 그림책과 만화책이 가득한 작가의 작업실 겸 사전예약 책방 ‘심심한 책방’

More infomation

Villages along the Lake

호숫가 마을들

청풍면

1985년 충주댐 건설로, 수몰민의 실향의 아픔을 간직하고 있는 마을이다. 청풍호반이 면 중앙에 위치해 지역이 남북으로 나뉜다. 청풍문화유산단지, 청풍리조트, 청풍호모노레일, 청풍호반케이블카 등 주요 관광시설과 수려한 자연경관을 보유한 제천의 대표적인 관광지다. 자세한 내용은 39P 에서 다뤘다.

수산면

수산면은 청풍호를 기준으로 남북지역에 23개 마을로 구성되어 있다. 2005년 제천 약초웰빙특구 지정 지역이 되었고, 한약재를 재배 생산하는 약초의 고장이다. 옥순대교, 옥순봉, 능강계곡, 금수산, 가은산 등의 수려한 자연환경이 일품이다. 구릉지대가 많아 밭농사를 주로 한다.

덕산면

월악산, 용하구곡 등이 위치하여 산수가 수려하다. 성천, 광천이 면 중심에 흐르고 있어 수원이 풍부하고 토질도 비옥하다. 양채의 고장이라 브로컬리 재배가 많고, 수수축제도 한다. 간디학교를 중심으로 형성된 마을 커뮤니티가 활발하며 외지인의 비율이 다른 면에 비해 많다.

Old and New

여행자를 설레게 하는 신구의 조화로움

오래된 것들과 새로운 것들이 서두르는 기색 없이 느긋하게 조화를 이루고 있는 곳, 그 대비는 예상치 못한 곳에 뜬금없이 펼쳐질 때 더 아름답습니다. 현대적인 모습의 제천역사 앞 왁자지껄 퍼드러지는 오일장이 그렇습니다.

1 제천의 명물 빨간 오뎅 2 제천 시락국의 단출하고 담백한 한 상 3 4 삼대를 이어오며 찹쌀떡과 도넛을 만들고 있는 노포 '덩실분식'

전통시장과 노포의 매력

그 동네의 역사와 전통 그리고 일상과 숨결이 살아 숨 쉬는 전통시장은 여전히 제천시민들의 삶에 중요한 부분이다. 시내 중심에 제천중앙시장, 내토전통시장, 동문시장이 있고, 역 앞에는 여전히 오일장이 서고, 역전한마음시장이 건재하고 있다. 그리고 약령시장, 고추시장 등도 빼 놓을 수 없다.

먼저 중심가에 나란히 붙어 있는 세 개의 시장부터 둘러보자. 내토전통시장을 사이에 두고 남서쪽으로 제천중앙시장, 북동쪽으로 동문시장이 위치한다. 동문시장하면 순대, 내토시장엔 빨간오뎅, 만두, 닭튀김 등의 오래된 먹거리가 있다. 제천 순대는 집마다 각자의 요리법이 존재해 맛도 확연히 다르고, 부속 고기들도 다르다. 현지인들에게 물어봐도 취향에 따라 단골집이 제각각이라 어디 딱 하나 추천하기가 애매하다 하지만, 한가지 공통점이 있다. 제천 순대는 초고추장을 찍어 먹는 것이 특징이라는 점. 우성순대, 충청도식당, 내토순대 등에서 시장식 손 순대를 만날 수 있다.

내토전통시장은 세 개의 시장 중에서 가장 활기가 넘친다. 한가운데 즈음 위치한 '외갓집 빨간오뎅'은 어묵을 꼬치에 꽂아 매운 고추장 양념을 묻힌 '빨간오뎅' 맛집이다. 수십 년 전 골목 노점에서 출발해 제천의 대표 분식으로 자리 잡았다는 빨간오뎅의 유래에 관해서는 공식적 기록이 없지만 '쉽게 상하지 않게 하기 위해서'라는 설이 많이 돈다. '빨간오뎅'은 제천에서 시작되어 전국적으로 퍼져 나갔다. 시장표 올챙이 국수와 만둣국도 빼놓을 수 없다. 만두 구력이 상당한 '옥전만두국집'의 김치만두는 25개에 단돈 만 원! 오랜만에 찾아보니 예전 자리에서 동문시장 근처로 옮겨 식당을 제대로 내셨다. 뜨끈한 만둣국과 칼국수로 속을 달래고 기분 좋게 나선다.

내토전통시장에서 길 하나 건너면 제천중앙시장이다. 중앙시장은 지하 식육점, 1층 포목점, 2층 수입코너로 정리가 잘 돼 있다. 안쪽에는 '이마트 노브랜드'도 있어서 캠핑족들이 소포장 식품과 손질된 식자재를 사러 들르곤 한다. 끝자리가 3일, 8일이 되는 날엔 제천역사 앞에 위치한 '역전한마음시장' 부근에서 큰 오일장이 열린다. 제천, 단양, 충주, 영월의 상인들이 각지의 특산물을 들고 모여든다. 장날 구경 뒤엔 근처에 위치한 '시락국'에서 시원하게 시래기밥 한 그릇 해도 좋다. 근대문화유산으로 지정된 멋스러운 옛날 건물에서 백운산 시래기로 말아내는 국이 시원하고 개운하다. 여행의 마지막 날이면 55년 된 노포 '덩실분식'에 들러 찹쌀떡과 도넛을 사가도 좋겠다. 자타공인 제천 대표 맛집이라 놓치면 아쉽다. '빨간오뎅'과 '덩실분식'은 유명한 제천가스트로 시내권 목록에도 들어가 있다.

5 제천 예술의 전당 6 7 '우주산책'의 고즈넉하고 평화로운 시간

척박한 땅에 피어난 꽃 한송이

오래된 것들이 맥을 잇는 가운데에 새로운 것들이 생겨난다. 게스트하우스의 불모지였던 제천 시내에 2015년 문 연 '청풍 게스트하우스'는 20~30대 젊은 여행자들을 제천으로 향하게 하는데 큰 역할을 했다. 이후 시내권에는 4개의 여행자 숙소가 생겨나 선택의 폭이 넓어졌다. 깔끔하고 모던한 호텔들도 여럿 생겨났다. 제천에서 숙소를 찾으려면 청풍쪽으로 넘어가야 한다는 말은 이제 옛말이 되었다. 청풍 게스트하우스의 주인장 김태호 대표는 국제와인자격증(WSET Level 1,2)을 취득한 와인 전문가이며 본인이 와인을 좋아한다. 그래서 특별하게 와인 클래스가 있는 게스트하우스를 운영하게 되었다. 사람들이 이곳을 '와인 게하(게스트하우스)'로 부르는 이유다.

2025년에는 고대하던 '제천예술의 전당'이 문을 열었다는 소식도 반갑다. 수준 높은 공연과 강의, 전시를 기대하는 이들이 많아졌다. 타 도시에 비해 서점의 수가 턱없이 부족하지만 그 가운데 고군분투하고 있는 작은 책방들은 여전히 건재하다. 초록 풀밭 위에 펼쳐진, 동화책에서 튀어나온 듯 예쁜 건물의 '안녕, 책'과 그림책 서점 '심심한책방'은 일부러라도 찾아볼 공간이다. 심심한책방에는 '김민기의 방'이 있다. 공연연출가이자 가수였던 김민기가 세상을 떠난 후 그가 소장했던 책들을 이곳으로 옮겨와 방 한 칸을 채우고 '김민기의 방'을 만들었다. 의림지 부근의 '책방 소설'은 북토크, 독서모임 등이 열리는 반가운 공간이다.

평범한 카페인듯 보이지만 결코 평범하지 않은 '우주산책'도 제천을 촉촉하게 만들어 주는 작은 물결 중 하나다. 카피라이터로 출신으로 오랫동안 트렌드의 최전선인 홍대 근처에서 글을 쓰고, 사진을 찍으며, 작가로 기획자로 바쁘게 살았던 김기연 대표가 어머니가 계신 제천으로 발걸음을 떼면서 이 모든 것이 시작되었다. 조용한 골목길, 칠성로 2길25, 주소에서도 범상치 않은 별과 우주의 기운이 느껴진다. 우연이었을까? 김기연 대표는 '스카이워커'라는 이름으로 활동하는 별자리 전문가이기도 하다. 오랫동안 별자리를 탐구해 왔고 〈별자리 오디세이〉란 책에도 공저로 참여했다. 그의 취향을 오롯이 담아 낸 〈레코드를 통해 어렴풋이〉라는 에세이를 보면 그가 음악에도 관심이 많은 것을 알 수 있다. '우주산책'이란 공간은 북카페, 음악감상실, 편집숍인 동시에 북토크나 작은 콘서트가 열리는 문화공간이다. 그가 좋아하는 책과 문구들, 음반, 소품들이 단정하고 촘촘하게 정리되어 있다. 정리 잘하는 맥시멀리스트, 김기연 작가의 공간으로 여행을 떠나자. 우주에 둥둥 떠 올라 가볍게 산책하듯, 무념무상으로 조용히 둥둥 떠다니다 올 것. 그가 계획하고 있는 서점도 기대된다.

KEEP CALM AND DRINK UP
이 광대한 우주의
무한한 시간 속에서 당신
같은 시간, 같은 행성
살아가는 것을
우주산책

8

9

10

11

한식이 아니라도 괜찮아. 미식의 새 주자들

실력과 재능, 뚝심까지 겸비한 이들이 한식에 머물러 있는 도시의 식문화에 변화의 바람을 일으켰다. '카우보이그릴'은 전국적으로 유명한 텍사스 바비큐의 성지다. 부모님이 하시던 백숙 전문 식당을 트렌디한 감각과 열정으로 업그레이드 시켰다. 제대로 된 텍사스 바비큐를 선보인다는 신념으로 오랫동안 연구를 거듭한 이곳의 브리스킷은 바비큐의 끝판왕이라 평가받고 있다! 청풍 쪽으로 가는 길목의 금성면에도 '카우보이그릴'처럼 줄 서는 맛집이 있다. 바로 '금성제면소'다. '금성제면소'는 전국의 라면 마니아들을 불러들이는 라면 성지다. 일본에 장인을 찾아가서 요리를 배워 온 동생이 주축이 되어 형제가 주방을 맡고, 어머니가 보조하고 있다. 영업시간이 짧고 재료가 떨어지면 문을 닫아서 늘 줄을 서는 진풍경이 벌어지곤 한다. 최근 시내 쪽에 문을 연 이탈리안 레스토랑 '라포르께따'도 이미 타 지역에서 오랜 시간 경력을 쌓은 실력자들이 주방과 홀을 맡고 있다. 브런치 명소로 알려진 '37.5 제천점'도 개업했으니 파스타가 생각난다면 갈 곳들이 생겼다.

바야흐로 베이커리 카페의 전성시대다. '부성당', '쁘띠샹들리에' '카페너른' 등 화려한 빵과 디저트를 겸비한 카페들이 줄줄이 문을 열었다. 일명 서울의 맛! 그 시작점은 '순수해'였다. 신라호텔에서 7년간 일한 파티셰가 고향으로 와 파티세리 카페를 열었을때 프랜차이즈 제과점 밖에 없던 소도시에 작은 파장이 일었던 것을 기억한다. 호텔식 수제 생크림 케이크에 사람들은 환호했고 맞춤 케이크 주문이 이어졌다. 청전동에는 오직 마카롱 하나에만 집중하는 베이커리 카페 '마카롱'이 여전히 성업 중이다. '제천'을 테마로 한 가게들도 문을 열었다. '의림지식빵'과 '제천샌드'가 그들이다. 의림지 호수를 테마로 한 티그레를 디저트로 내세운 '커피플러스제이', 예쁜 한식디저트를 모던한 스타일로 선보이는 '약선재'의 등장도 반갑다. 정통 한식만 답이 아니다. 미식도시, 제천의 미식 스펙트럼이 점점 넓어지고 있다.

12

8 카우보이그릴은 오픈런을 해야하는 전국맛집으로 자리잡았다. 9 아름다운 한식디저트를 내고 있는 약선재의 등장이 반갑다. 10 11 금성면의 일본라멘집, 금성제면소는 인기가 좀처럼 식지 않는다.
12 오직 마카롱만 전문으로 하는 마카롱
13 의림지 호수를 형상화한 식빵을 만드는 의림지식빵
14 기념품으로 딱 좋은 제천샌드. 맛도 좋다.

13

14

돌아온 젊은이들, 올드앤뉴를 이어가는 청년들!

개척도, 계승도 소도시에선 남다른 의미가 있다. 미식 도시엔 실력 있는 식당들이 넘치고, 좋은 음식을 먹고 자란 청년들은 고향에 돌아와 가업을 이어받는다.

'영파머스'라 불리는 제천의 젊은 농부 군단의 활약으로 곳곳에 초록 에너지가 넘치고 있다. 부모님이 일군 사과 농장에서 꿈을 키우고 있는 가을농장의 김민정, 배론 이시돌목장의 변재균, 서울에서 귀농한 MZ 농부 이성원, 강소리 등의 특별한 이야기는 '영파머스 제천'이란 책자에 잘 담겨 있다. 이들이 힘을 모아 개업한 카페도 있다. '의림다락방'은 제천의 청년농부들(김병준, 유권정, 김선흠, 변재균, 김우정, 조우석, 이건희, 강소라)이 함께 참여했다. 카페는 봉양읍 문화복지센터 1층에 위치한다. 이들의 소통공간이면서 거점 역할도 하지만, 카페로도 손색이 없다. 맛있는 음료와 다양한 스낵들은 모두 제천 청년 농부들의 농장에서 온 것이다. 사과, 요거트, 잼 등의 상품도 구매할 수 있는 상설 마켓의 역할도 하고 있는 에너지 넘치는 공간이다. 이들이 바꾸어갈 제천의 활기찬 미래가 기대된다.

15 제천을 이끌어가는 젊은 농업인들, 의림다락방의 유권정, 변재균 조합원. 16 조합원들이 생산한 식재료로 만든 카페의 음료와 먹거리들

나는 농부
BRANU
SNAPBACK

Taste of Jechon

미식(美食), 제천 미식을 논하다.

미식의 기준이 자연주의로 회귀하고 있는 요즘 시대의 가장 트렌디한 음식들을 제천에서 만났습니다. 제천 음식은 전통적이고 순수합니다. 투박함을 살짝 걷어내고 나면, 자연에 가까운 식탁은 현대인들이 가장 원하는 시대를 앞서가는 트렌디한 식탁이 됩니다. 어쩌면 멈추어 있는 것이 가장 앞서가는 길일지도 모른다는 생각을 이 곳에서 해 보았습니다.

한약재와 약초를 활용한 요리

수도로서 궁중음식이 발달했던 서울처럼 보는 즐거움이 많은 것도, 음식 솜씨로 유명한 전라도처럼 양념이 강한 것도 아니다. 멀리 동쪽의 태백산맥, 북쪽의 차령산맥, 남쪽의 소백산맥으로 고즈넉이 둘러싸인 분지 지형 때문일까. 많은 부분에 오래된 전통이 그대로 남아 있었다. 재료면에서도 특이했다. 산과 들에서 채취한 약초와 나물, 한약재를 많이 사용한다. 음식들은 하나같이 깨끗하고 담백하고 정갈해 한 입 한 입 음미할때마다 자연에서 건강을 선물 받고 있다는 느낌이 가득 차 올랐다. 서울과 제천 두 곳에서 약선요리 전문점, 대보명가를 운영하는 권인옥 대표는 계절마다 약초를 채취하고 식재료를 다듬느라 손 끝이 검게 물들어 있었다. "제천 사람이라, 가장 제천스러운 음식을 만들고 싶었어요. 제천에서 나는 재료, 그래서 황기, 오가피, 백출 등 열 여섯 가지 한방 재료로 육수를 내고 민들레, 달맞이, 산 뽕잎처럼 직접 캔 산야초들로 반찬을 만들었지요." 긴 시간 정성으로 준비한 음식은 먹는 이의 마음과 몸을 치유한다. 제천은 조선시대부터 약령시(藥令市, 약재를 판매하는 시장)가 개설될 정도로 한약재로 유명한 곳이다. 큰 일교차, 석회암의 사질 토양, 오염원 없는 자연환경 덕분에 황기와 당귀의 본고장이 되었다. 또한 태백산과 소백산에서 집결한 한약재들의 가격이 형성되는 곳이다. 그러다 보니, 자연스레 한약재와 약초를 활용한 요리가 발달해 온 것이다.

긴 여운이 남는 약초 쟁반

고기나 해산물 없이 한방 재료로 육수를 내면 어떤 맛일까? 설명을 들으면서 상상해 보았다. 어릴 적 먹었던 한약의 쓴 맛이 가장 먼저 떠올랐다. "고명으로 올려진 송이버섯, 능이버섯, 연자육, 구지자, 은행 등의 맛이 우러나기 전에 따뜻한 육수부터 먼저 마셔보세요." 권 대표의 말에 따라 육수를 맛본다. 은은하게 퍼지는 향긋함. 매일 먹어도 질리지 않을 깊이 있는 맛이다. 쓴 보약이 아니라 맛있는 보약이었다. "사람의 건강을 좌우하는 약초를 다루는 일이라, 재료들의 궁합을 공부했어요. 쓴 맛을 제거하고 맛의 균형을 맞추기 위해서도 많이 노력했죠."이제 본격적으로 약초 쟁반을 즐길 차례. 육수에 적신 수육 위에 버섯과 약초를 올리고 돌돌 말아 입으로 가져간다. 부드러운 수육과 향긋한 산야초가 조화롭다. 몸이 먼저 반응하면서 마음도 정돈이 되는 행복한 맛이다. 모든 재료들의 향과 식감이 하나하나 살아있었다. "5월부터 나물들을 준비해요. 말리지 않고 손질한 뒤 바로 데쳐서 냉동고에 보관하는 것이 저희의 방법이지요. 더 부드럽고 향긋하게 산나물을 즐길 수 있어요."

약이 되는 채소의 즐거움 '약채락(藥菜樂)'

제천에는 대보명가처럼 약초나 한방을 접목한 음식점들이 많다. 이를 더 잘 보존하고 더 널리 알리기 위해 '약채락'이라는 브랜드가 탄생하였다. 약채락은 '약이 되는 채소를 먹으면 즐겁다'는 뜻으로 제천에서 생산되는 11대 GAP 우수 약초를 주로 사용하는 음식점을 뜻한다. 황기 구절탕, 순채 비빔밥, 하얀 민들레밥 등 다른 지역에서 맛보기 힘든 음식들이 많다. 선정 기준도 까다로운 편이라 현재는 22개 업체가 약채락 음식점으로 등록되어 있다. 한 마디로 제천시에서 인증한 맛집이다. 실제로 몇 군데를 방문해본 결과 재료부터 맛까지 제천의 특징을 잘 살린 곳들이 많았다. 식당들은 대부분 식재료를 직접 생산하거나 지역 내에서 생산한 것들을 사용하며, 유기농 식재료를 강조하는 곳도 많다. 팜투테이블(Farm to table)이 먼 이야기가 아니라 굳이 따로 언급할 필요 없는 당연지사다. '약채락'은 여행자가 제천 미식을 경험하는 첫 번째 키워드이며, 식당을 고를 때 사용하는 비밀의 패스워드다. 약채락이 앞으로 더 발전하려면 카테고리의 확장을 제안하고 싶다. 비빔밥뿐만 아니라 우동, 리조또, 파스타에도! 떡갈비뿐만 아니라 스테이크로도! 한식뿐만 아니라 양식, 중식, 일식 나아가 디저트와 음료, 브런치 메뉴들과의 변주까지도 기대해 본다.

Writer 정리나(리나스테이블) **Photographer** 김경수

More Information

① **약채락 인증식당**
제천시에서 매년 선정하는 약채락 인증식당, 현재는 22개의 리스트가 있다.
시내권 노다지맛집, 바우본가, 우림정, 황금들, 홍굴부추칼국수, 착한갈비, 소쿠리, 솔솔, 카페1929 앙트베이커리, 맛남제과
청풍권 약채락 성현, 원뜰, 예촌, 산마루, 가람, 느티나무횟집, 청풍황금떡갈비, 사과나무집 , 4월의 밀밭
박달재권 산아래, 열두달밥상

② **제천 약초시장**
전국 3대 약령시장(서울, 대구, 제천) 중 하나인 제천 약초시장 (제천시 화산동 987)은 인근에 약초 산지가 많다 보니 자연스럽게 형성된 산지 시장으로 황기, 당귀, 천궁, 오가피, 인삼 등 총 60여 개의 품목이 유통된다. 다른 두 곳보다 규모는 크지 않아도 국내산 약재들이 풍부하며 특히 제천이 본고장인 황기, 황정, 감초 등은 수입산을 아예 들여놓지 않는다.

fooria
약초시장 내 자리한 fooria 의 제천약초협동조합 김효숙 이사는 직접 경험한 약재에 대한 효능을 바탕으로, 체질에 맞는 약재와 활용법을 자세히 알려준다. 달큰한 쌍화차나 황기차를 마시며 건강 상담을 하다보면 시간 가는 줄 모르는 곳.
Ⓒ 043-653-1010

우리약선차방
약초시장 입구에 자리한 우리약선차방에선 미남미녀 약초비빔밥과 차, 약초식혜, 약초라떼 등을 즐길 수 있다. 간장, 식초, 선식 등 약재,약초를 기반으로 한 각종 건강식품도 판매하고 차 클래스도 운영한다. 한국약선차협회 제천지회. Ⓒ 043-921-5477

제천몰
약초시장에 직접 방문이 어려운 경우, 제천한방바이오 진흥재단이 운영하는 '한방 바이오 제천몰(www.jc-mall.com)'에서 합리적인 가격에 믿을 수 있는 약재들을 구입할 수도 있다.

Simple Cooking with Local Flavor

근사한 황기 요리

황기는 제천의 자부심입니다. 흔히 황기를 여름철 삼계탕 재료로만 알고 있는 경우가 많은데, 제천 여행에서 황기비빔밥, 황기라떼, 황기차, 황기빵 등 다양한 변주를 접했습니다. '리나스테이블'의 정리나가 가정에서 쉽게 황기를 접할 수 있도록 황기 제품을 활용한 양식 요리를 제안합니다.

Root Salad

뿌리채소 샐러드+황기식초

흙 향을 품은 황기는 당근, 비트, 연근 등 뿌리채소와 무척 잘 어울린다. 제천에서 구입한 황기식초를 활용해 뿌리채소 샐러드를 만들어 보았다. 발효식초에 황기와 비정제 원당(사탕수수를 착즙하여 만든 당)을 오랜 기간 숙성해 만든 제품이라, 새콤달콤한 드레싱을 만들기 안성맞춤이다.

Ingredients (2인분)

뿌리 채소 (연근 1/3개, 미니 단호박 1/4개, 토란 1개, 미니 당근 5개, 비트 1/8개), 기타 잎 채소 (1팩, 70g), 알감자 3개

드레싱 재료(엑스트라버진 올리브유 4큰술, 황기식초 2큰술, 다진 마늘 1작은술, 다진 양파 1작은술, 소금, 후추 한 꼬집)

연근 초절임 재료(황기식초 1큰술, 꿀 1큰술)

Directions

❶ 연근은 껍질을 벗겨 끓는 물에 5분간 데친다.
❷ 황기식초 1큰술과 꿀 1큰술을 섞어 연근 초절임 소스를 만든다. 데친 연근을 초절임 소스에 버무려 놓는다.
❸ 미니 단호박은 씨를 제거하여 먹기 좋은 크기로 자른다.
❹ 토란, 당근, 비트는 껍질을 벗겨 한 입 크기로 자른다.
❺ 알감자는 반 잘라 준비한다.
❻ 팬에 기름을 두르고 단호박, 토란, 당근, 비트, 알감자를 약불에서 노릇노릇하게 굽는다.
❼ 잘 씻은 잎채소를 손으로 잘라 그릇에 올린다.
❽ 익힌 채소와 절인 연근을 올린다.
❾ 밀폐용기에 드레싱 재료를 모두 넣고 흔들어 섞는다.
❿ 샐러드에 드레싱을 뿌려 낸다.

Mushroom Cream Pasta

버섯 크림 파스타+황기 간장

약채락 황기 막간장으로 크림 파스타를 만들었다. 황기 막간장은 황기와 당귀를 우려 만든 제품으로 한식뿐 아니라, 양식 요리에도 활용하기 좋다. 진한 향의 황금 팽이버섯을 함께 활용했는데 표고버섯, 양송이버섯, 새송이버섯 등으로 대체 가능하다.

Ingredients (2인분)

황금 팽이버섯 1팩(200g)
양파 1/2개
파파르델레 면 160g
요리용 액상 생크림 1컵(200ml)
황기 막간장 2큰술
식용유, 후추 적당량
파마산 치즈(옵션)

Directions

❶ 황금 팽이버섯은 밑동을 제거하고 한 줌만 고명용으로 따로 빼놓는다.
❷ 양파는 채 썬다.
❸ 팬에 식용유를 두르고 양파가 투명해질 때까지 볶는다.
❹ 황금 팽이버섯을 손을 찢어 넣고 함께 볶는다.
❺ 버섯이 익으면, 액상 크림과 황기 막간장을 넣고 한소끔 끓인다.
❻ 블랜더에 모든 재료를 넣고 갈아 파스타 소스를 만든다.
❼ 끓는 물에 소금 한 큰술을 넣고 파파르델레 면을 익힌다. 이때 파스타 봉지에 적힌 시간 보다 2분 먼저 뺀다. 익힌 면을 파스타 소스에서 마저 익힌다.
❽ 황기 막간장으로 간을 맞추고 후추를 뿌린다.
❾ 그릇에 파스타를 담고 황금 팽이버섯을 손으로 찢어 올린다.
❿ 파마산 치즈를 갈아 낸다.

정리나
요리연구가, 네이버 푸드 '리나스테이블' 운영
저서 〈맛있는 샐러드는 드레싱에서부터〉 〈오늘, 양식 하다〉

Lena's Tips

- 새콤달콤한 맛의 황기식초는 물이나 탄산수와 9:1(물: 황기식초) 비율로 섞어 음료수로 즐기기 좋다. 또 초무침, 피클, 냉채 등 다양하게 요리에 활용할 수 있다.
- 데친 연근을 식초에 재우면 갈변 현상을 막고 새콤달콤한 맛을 더할 수 있다.
- 드레싱 만들 때 산성 재료(식초)와 지방성 재료(엑스트라버진 올리브유)는 구조적으로 잘 섞이지 않는다. 이때 밀폐용기를 활용하면 보다 쉽게 섞고 보관할 수 있다.
- 액상 생크림은 대형마트 유제품 코너에 가면 쉽게 발견할 수 있다. 이때 요리용(Cookng)이 라고 써 있는지 확인하고 구매하는 것이 좋다. 가끔 제과용으로 설탕이 첨가된 제품이 있다.
- 파스타면으로 페투치네의 넓은 형태인 파파르 델레(Pappardelle)를 활용했다. 이처럼 파스타 면만 변경해도 조금 더 색다르게 파스타를 즐길 수 있다.

More Information

① 올바른 식초
제천 청년 농부들이 의기투합해서 만든 올바른 식초의 '황기' 버전이다. 발효현미 식초에 황기를 장기 숙성하여 만든 식초로 사탕수수가 포함되어 있어 향긋하고 달콤하다.

② 황기 막간장
황기와 당귀를 우려 만든 약채락 브랜드의 간장으로 황기의 약리작용을 그대로 유지했다는 점에서 가장 편리하고 효과적으로 황기를 즐길 수 있는 제품이다. 부드러운 감칠 맛으로 한식 뿐 아니라 다양한 요리에 활용할 수 있다. 직접 써본 결과 군내가 적어 한식 뿐 아니라 샐러드, 파스타, 리소토 등 양식에 활용하기 편리했다. 알리올리오 파스타 만들 때 들기름과 함께 넣어도 일품이고, 아보카도+반숙 달걀 후라이에 참기름과 함께 비벼 먹어도 좋다. 다른 맛간장들의 경우, 달인 재료의 향이 너무 강한 경우가 있는데 황기 막간장은 부드러운 향과 맛이 좋다.

about 황기
배수가 잘 되는 석회암 토질에서 자란 제천의 황기는 품질이 우수하다. 황기를 가공하는 기술도 발달하여 국내 황기 생산유통의 80%를 제천에서 담당한다. 보통 시중에서 1년산, 3년산, 6년산 등을 구할 수 있는데 오래된 황기는 약효가 좋아서 홍삼보다 비싸다. 약으로 쓰려면 3년 이상의 황기가 좋다. 다한증에 도움이 되는 황기는 몸이 허하고 기운이 없을때 먹으면 좋으며, 독을 배출하고 나트륨을 몸밖으로 배출하며 이뇨작용을 돕는다. 제천 중앙시장, 내토시장, 약초시장, 관광 상품 판매점에 가면 다양하게 가공된 황기 제품들을 발견할 수 있다.

D I R E C T O R Y

[여 행 의 작 은 사 전]

더욱 만족스러운 여행을 위하여
〈MOVE〉가 고르고 고른 추천 스팟 98곳.

Editor 조은영, 조민주 **Photo** 김경수, 윤아란, 조은영, 이규열

---

53 RESTAURANT

3 BAR & PUB

3 TAKE OUT

26 CAFE & BAKERY

13 ACCOMMODATION

주소 전화번호 영업시간 주차장 가격 인스타그램 홈페이지

박달권

백운면
별채 예
열두달밥상 맛 약
풍정 맛

봉양면
또랑길 맛
묵마을 맛
광천막국수 맛
사또가든 맛
왕미쌈밥 맛
탁사정 다리골 맛

카페
의림다락방
솔티펍

청풍권

청풍면
느티나무횟집 맛 약
사과나무집 약
약채락 성현 약
예촌 맛 약
청풍황금떡갈비 맛 약
카우보이그릴 맛

수산면
가람 약

덕산면
플레이스4 예
아오바바 맛

카페/베이커리
4월의 밀밭 약
글루글루
물태리빵집
카페너른
콘크리트월

미식도시, 제천을 즐기는 73개의 리스트

① 약채락 약

'약채락' 인증맛집은 총 22곳입니다. 2025년 '약채락'리스트에 카페가 포함되어 카페 표기를 별도로 넣었습니다. ☕

② 제천맛집 맛

제천시에서 인증한 '제천맛집'은 총 85곳입니다. 본지에는 이중 45곳을 소개합니다.

③ 에디터 추천 에

'약채락'과 '제천맛집'이 아니더라도 제천에는 맛있고 건강한 식당이 많습니다. 아쉬운 곳들을 골라 에디터 추천으로 넣습니다.

*** 기타:** 영업시간은 방문 전 문의하세요. 변동이 있습니다.

시내권

시내동

강박사냉면숯불갈비 맛
강원닭갈비 수제막국수 맛
건강밥상신월 맛
고원갈비 맛
고태봉갈비탕 맛
고향맛집 맛
광성추어탕 맛
구산복집 맛
국수무라 맛
꿀삼겹살 맛
꿀참나무 맛
낭만짜장 맛
노다지맛집 약
노송식당 맛
대보명가 맛
대장금 맛
대추나무집 맛
대추야 맛
뜰안에 맛
뜰이있는집 맛
라포르께따 맛
마당갈비 맛
맹이네 촌가 맛
메밀뜰 맛
명가박달재 맛
명동왕족 맛
미당손두부와 등갈비 맛
바우본가 맛 약
산너울장수촌 맛
산마루 맛 약
산우리 맛
새터오리촌 맛
설봉한우 맛
셰프스노트 맛
소가네곱창 맛
소문난 더덕 생삼겹살 맛
스시바카 맛
시골순두부 맛
양지말해장국 맛
역전오거리염소탕 맛
오디향 맛
우리소 맛
우림정 약
원조 춘천골 닭갈비 맛
월성집 에
의림만두국 맛
장원순대국 맛
전가복 맛
제천 두꺼비식당 맛
제천막국수 맛
제천시락국 에
지미오리온 에
질고개쌈밥 맛
착한갈비 약
청원식당 맛
최부자수제순대 맛
춘양옥 국시방 맛
충청도식당 맛
충청도왕족 맛
털보올갱이 맛
토기장이 맛
퓨전중화요리루 맛
하늘29 에
한우숯불갈비 맛
향촌 맛
호반식당 맛
홍굴부추 칼국수 맛 약
홍연식당 맛
황금들 약
황금연못 맛
황소숯불갈비 맛
황호식당 에

금성면

금성제면소 에
다래향 맛
산마루 맛
소뜰애 맛
원뜰 약
청풍떡갈비 맛

카페&베이커리/펍

관계의미학 ☕
꼬네 ☕
다원애 ☕
딜런
마카롱 ☕
본초다담 ☕
빌라드도화리 ☕
맛남제과 약 ☕
소쿠리 약 ☕
솔솔 약 ☕
순수해 ☕
의림지식빵 ☕
앙트베이커리 약 ☕
약선재 ☕
우주산책 ☕
이프테이 ☕
제천맥주
카페1929 약 ☕
카페피노 ☕
커피플러스제이 ☕
콘파냐 ☕

RESTAURANT

약과 음식은 그 뿌리가 같다고 하는 말, 들어보셨지요?
이 도시에서 경험할 수 있는 최고의 선물은 미식입니다. 추천은
권역별, 가나다순입니다.

시내권

01 강박사 함흥냉면 숯불갈비 숯불 향 가득한 마성의 돼지갈비

2대, 30년 운영 식당이다. 시원하게 개방된 주방과 넓고 깨끗한 입식 좌석, 가족이 늘 웃으며 주방과 홀에서 분주히 일하니 믿음이 간다. 고기는 선별된 곳에서 주2회 신선하게 들어오고, 갈비 양념은 황기 간장을 따로 만들어 재운다. 사골과 감초를 우려 육수를 만들고, 면도 직접 뽑는다. 하나부터 열까지 정성을 들이니 맛이 없을 수가 없다. 두툼하고 감칠맛 도는 돼지갈비가 남녀노소를 불문 이 집의 인기 1위! 신선한 쌈과 시원한 김치도 입맛을 돋운다. 큼지막한 고기와 아삭아삭 씹히는 배가 올려진 물냉면과 맛깔나는 양념맛의 비빔냉면, 코다리회냉면도 평이 좋다.

제천시 청전대로 91 043-647-5596 11:00~21:00 명절 휴무
₩ 숯불돼지갈비 17,000 물냉면 10,000 비빔냉면 10,000 코다리회냉면 11,000 Ⓟ Y

02 건강밥상 신월 정갈한 한정식

복합타운 · 세무서 인근에 위치한 한정식 전문점으로 계절 반찬을 담은 정갈한 한상차림이 대표 메뉴다. 솥밥과 함께 즐기는 건강한 한정식 맛집으로 간장게장, 양념게장, 소갈비본살 등 메인 메뉴와 함께 가지 튀김, 코다리조림 등 12가지의 정성 가득한 반찬이 제공된다. 특히 솥밥은 단호박과 콩이 들어가 찰지고 맛있다. 3층의 프라이빗룸에서 상견례나 가족모임을 진행하기 좋으며, 주차는 식당 앞 공터에 가능하다. 게장특정식을 주문하면 프라이빗룸 사용이 가능하다.

제천시 복합타운3길 3, 1층 070-7576-0552 11:00~20:30, 라스트오더 19:30 ₩ 솥밥정식 15,000 양념게장정식 29,000 게장특정식(예약시 프라이빗룸 가능대표45,000 Ⓟ Y

03 고원갈비 갈비골목을 이끄는 갈비명가

명동 갈비 골목의 대표 주자, 고원갈비는 완벽한 주차장과 한옥의 특징을 잘 살린 고급스러운 인테리어로 회식과 손님 접대 시 먼저 생각나는 곳이라 한다. 모두 개별 룸들로 구성되어 있어 편안하고, 고기 구워주는 서비스도 훌륭하다. 최상급 한우 안창살, 갈비살로 구성된 '고관대작'이 이 집의 대표지만 사실 양념소갈비나 돼지갈비도 많이 찾는다. 특급호텔 레시피로 만든 고기 양념이 이 집 맛의 비밀이다. 게장을 비롯한 깔끔한 반찬, 가격보다 실한 해장국과 설렁탕도 반응이 좋다. 점심에만 운영하는 세트메뉴는 가성비가 훌륭하다.

제천시 의병대로15길 5 043-647-4242 11:30~21:30 일요일 휴무
₩ 한우소갈비(고관대작)변동가격, 양념왕갈비살 38,000 돼지갈비 18,000 Ⓟ Y

04 고향맛집 소박한 찌개가 있는 맛있는 밥상

해물순부두찌개로 유명한 집이다. 칼칼한 순두부찌개와 함께 나오는 반찬의 클래스가 남다르다. 낙지젓갈, 번데기 무침, 달걀말이 등...밥도 특별하다. 제천 오대쌀에 둥글레 우린 물로 밥을 짓는데, 타이머를 맞춰서 짓는 기계식이 아니라 눈으로 밥물을 맞춰 감으로 익히는 솥밥이다. 요리 중에서는 황기해물알찜은 전국 방송을 타면서 유명해진 메뉴다. 둥글레, 황기 등의 약재를 우려낸 국물에 오징어, 게, 새우, 동태알 등이 듬뿍 들어가 안주 메뉴로도 좋다.

제천시 내제로 61 043-643-1290 11:00~20:00 브레이크 타임 14:00~17:00 1,2,3 토 휴무 ₩ 해물순두부 10,000 해물알찜 小 45,000 Ⓟ N

115

05 금성제면소 일본식 라멘의 성지가 된 금성 대표선수

전국에서 찾아오는 라멘 성지로, 청풍쪽으로 가다보면 나오는 금성면에 위치한다. 아름다운 건물은 멀리서 봐도 포스가 대단하다. 국물에 닭육수, 돼지육수, 멸치육수를 적절히 블렌딩 해 지나치게 느끼하거나 짜지 않고 끝맛이 개운하다. 직접 뽑는 면 역시 국물과 최적의 조화를 이루며 입안에 감긴다. 뽀얀 닭육수 베이스의 토리파이탄, 녹진한 돈코츠 라멘, 닭과 건어물로 맑고 개운한 국물 맛을 낸 니보시 라멘 등과 함께 차슈동과 오야코동도 있다. 실력 좋은 집들이 종종 그렇듯 열한 시부터 세시까지만 영업하고 재료가 떨어지면 문을 닫는다.

📍제천시 금성면 청풍호로 991 ✆ 043-642-8867 🕒 화~일11:00~15:00 월 휴무
₩ 토리파이탄 8,000 니보시라멘 8,000 오야코동 7,000 Ⓟ Y
@kinboshi_ramen

06 꿀참나무 알록달록 아름다운 묵 요리 전문점

의림지 근처에 위치한 묵 요리 전문점이다. 대표는 도토리가 많이 나는 제천에서 자라면서 어릴 때 먹던 묵 맛을 추억하며 요리하고 있다. 도토리묵 정식에는 도토리 전, 도토리묵, 도토리 비빔면, 묵 조림, 묵 샐러드, 도토리 수제비 등이 나오고, 꿀참나무 정식은 도토리 전병, 구절판, 훈제오리, 삼색 묵, 도토리 밀쌈 등이 추가되어 좀 더 푸짐하다. 도토리로 이렇게 다양한 요리가 가능하다니 놀라울 따름! 구수하고 담백하고 속이 편안한 묵요리는 심심하고 깊은 맛을 아는 중장년층들에게 특히 인기 있다.

📍제천시 의림대로49길 13 ✆ 043-644-3827 🕒 11:00~17:00 화요일 휴무
₩ 묵밥 9,000 꿀참나무 정식 20,000 Ⓟ Y

07 낭만짜장 의림지 회식의 명소

서울 유명 중식 레스토랑에서 일했던 요리사가 아내의 고향인 제천에 내려와 평소 꿈꾸던 모던 캐주얼 중식당을 열었다. 면을 직접 뽑고, 탕수육 고기는 돼지 등심과 안심 생고기만 쓰며, 소스와 피클까지 직접 만든다. 메뉴도 마늘 찹쌀탕수육, 고추 간짜장, 냉짬뽕 등 평소 접하던 것과는 조금 다른데, 마늘찹쌀탕수육이 꼭 맛봐야 할 시그니처다. 찹쌀 튀김 옷 특유의 쫀득한 식감과 두툼한 고기가 일품이다. 포장 할인도 돼서 숙소로 포장해 가기도 편하다. 의림지 인근을 여행할 때, 들르면 좋다. 가스트로 의림지권 포함식당이다.

📍제천시 의림대로48길 2-41 ✆ 043-643-4626 🕒 11:00~21:00 라스트 오더 20:00 ₩ 마늘찹쌀탕수육(小) 19,000 낭만짜장 5,000 Ⓟ Y

08 노다지맛집 3가지의 특별한 돌솥비빔밥

약초를 듬뿍 사용해 비빔밥을 만든다. 약채락 비빔밥 맛집으로 인증 받은 비빔밥엔 나물에 황기, 당귀, 오가피, 뽕잎, 그리고 고추장엔 황기, 당귀, 오가피가 들어갔다. 든든한 육회 비빔밥엔 한우 고기가 올라간다. 된장찌개가 비빔밥의 맛을 더욱 살려준다는 것도 매력 포인트다. 한우 소머리와 오가피, 황기, 엄나무를 가마솥에서 고아 만드는 곰탕도 이 집의 자랑거리. 가족이 300평 텃밭에서 키운 농작물을 요리에 사용한다.

📍제천시 내토로47길 21 ✆ 043-648-8865 🕒 11:30~22:00 비정기 휴무
₩ 약채락전통비빔밥 12,000 생오리로스 한마리 50,000 Ⓟ Y

09 노송식당 생선 구이는 무조건 외식!

노부부와 아들이 합심해 운영하는 가족 경영 식당이다. 오직 '생선구이' 하나로 오랫동안 자리를 지키고 있는 백년가게 중 하나. 주문과 동시에 주방에서 사장님이 작은 팬을 여러개 놓고 정성스럽게 한마리 한마리 구워내는 모습이 보였다. 고등어나 갈치, 이면수보다 평소에 자주 접하기 힘든 가자미와 열기양념구이를 추천한다. 맛깔스러운 7가지 반찬과 된장찌개는 사모님의 솜씨다. 내륙이라 생물 수급이 어렵겠단 생각과 달리, 배에서 잡자마자 급냉한 생선이 오히려 더 신선하다라는 사장님의 설명이다. 단품 메뉴인 오징어볶음, 문어숙회는 다음 기회로!

제천시 내토로 43길5 043-647-4752 10:20~20:30 일요일 휴무
₩ 가자미양념구이 12,000 열기양념구이 13,000 자반고등어구이 12,000 Ⓟ N

10 대보명가 귀한 분 모시고 싶은 보약 밥상

제천이라는 지역명을 내세운 메뉴 둘, '제천약초밥상'과 '제천약초쟁반'이 대표메뉴다. '남자밥'과 '여자밥'이 다르게 나오는 약초밥상은 오랜 연구를 통해 약초의 효능과 맛의 밸런스를 찾았다. 전국한방 요리 경연대회에서 대상을 수상했던 '제천약초쟁반'은 송이, 능이, 표고, 산뽕잎, 곤드레, 은행, 호두, 잣, 연자육, 구기자가 담겨 나온 약재 육수 국물에 1등급 이상 한우 수육을 따뜻하게 담가 먹는 근사한 요리다. 접대에도 보양에도 좋은 음식. 서울에도 직영점이 있다.

제천시 용두대로 287 043-643-3050 11:00~20:00, 라스트 오더 19:20 명절 전날과 전전날 휴무(명절 당일은 오픈) ₩ 제천약초밥상 20,000 제천약초쟁반 75,000 Ⓟ Y

11 대추나무집 운치있는 양옥집에서 즐기는 행복 밥상

1979년 엄마와 딸이 함께 시작한 한식당이다. 야트막한 지붕이 있는 양옥집, 옹기종기 모여있는 장독대와 80년 된 대추나무가 정겹다. 쇠고기 로스구이 단일 메뉴로 14가지 잡곡을 넣어 지은 밥이 인기 만점이다. 꼭 제천 소만 쓴다 강조하는데 온도 차이가 있어 고기 맛이 다르다고. 녹색 화려한 나물 반찬들은 일주일에 두 세 번씩 산나물을 뜯어 주시는 분을 둔 덕분이다. 믿을만한 농가와 직거래하는 채소도 언제나 최상급. 마지막은 특급 비법으로 끓인 오징어찌개가 상에 오르는데 이게 또 별미다. 오징어찌개는 5천원 별도요금, 1인도 주문 가능하다. 예약만 받아 운영한다.

제천시 의병대로12길 15 043-644-3489 11:30~20:00 비정기 휴무
₩ 쇠고기로스구이 1상 40,000 Ⓟ N

12 뜰이있는 집 인심 넉넉한 전라도 손맛

반듯한 기와 지붕과 소나무가 있는 운치 있는 한식집이다. 전라도식 요리를 선보이는데, 대표 메뉴는 보리굴비한상, 능이한우불고기한상, 코다리찜한상, 더덕구이한상이다. 가장 인기인 보리굴비한상에는 법성포 보리굴비와 치자 돌솥밥, 제주도 금게로 담근 게장과 함께 갖가지 요리와 찬이 함께 나온다. 식혜, 수정과, 보리술빵을 직접 가져다 먹을 수 있도록 준비해 두었다. 2대가 함께 하는 가족 운영 식당이라 친절하다.

제천시 하소천길 176 043-643-8585 11:00 ~20:30 ₩ 제천황기 보리 굴비 한상 32,000, 명품모듬해물장 39,000 Ⓟ Y

13 라포르께따 신월동의 감성 파스타 레스토랑

2023년 말 오픈한 이탈리안 레스토랑으로 대전에서 오랫동안 양식당을 운영했던 부부가 제천으로 이주하며 오픈했다. 환하고 깔끔한 인테리어가 샹들리에와 함께 무드를 자아낸다. 기존 노하우를 그대로 살려 안정적인 맛을 선보여 단골층이 형성되었다. 데이트 장소로도 손색없으며, 단체석 예약도 가능하다. 메뉴는 샐러드, 파스타, 리조또, 스테이크 중 버섯크림파스타와 토마토 해산물 파스타가 특히 인기다.

제천시 대학로 183, 1층 (신월동) 0507-1483-1006 11:30~20:30 월 휴무
₩ 샐러드 9,000 파스타 14,000~ 버섯크림리조또 16,000 살치살 스테이크 36,000
Ⓟ Y

14 마당갈비막국수 하얀민들레밥으로 유명한 갈비집

시내 가스트로 투어 인기 방문지인 '마당갈비막국수'의 인기 메뉴는 바로 '하얀민들레밥'이다. 하얀민들레와 곤드레, 고구마 · 콩 · 은행 · 대추 · 표고버섯 등 10여 가지 고명을 올려 만든 솥밥인데 뚜껑을 열자마자 탄성이 터져 나올 정도로 비쥬얼이 아름답다. 하얀민들레는 독성이 없고 간 · 위 건강에 도움을 주며, 소화를 돕는 토종 약초로 알려져 있다. 곤드레와 맛이 비슷하다. 영양솥밥 외에도 직접 만든 시골 반찬들이 이집을 특별하게 만든다. 현지인들은 삼겹살과 소고기 구이도 많이 주문한다.

제천시 숭문로10길 11 043-646-9210 11:00~21:00
브레이크타임 15:00~17:00, 격주 일요일 휴무 ₩ 하얀민들레밥 15,000
한우갈비살(200g)45,000, 생삼겹살 16,000 Ⓟ N

15 맹이네촌가 진정한 팜투테이블, 누구나 엄지척!

현지인들이 인정하는 우리 콩 손두부 전문점이다. 재천맛집으로도 지정되었다. '시간이 멈춘 가격표'라는 말에 절로 고개가 끄덕여질 정도로 음식 가격이 한참을 오르지 않아 '착한가격업소' 인증도 받았다. 휴일은 농장에 가는 날, 손수 농사지은 콩으로 직접 만드는 두부! 더 이상의 설명이 필요 없다. 텃밭 채소들로 만든 맛있고 건강한 반찬까지 차려지면 만족스런 한끼다. 자주 가고 싶은 집이다.

제천시 의림대로33길 23-1 043-646-2992 12:00~21:00, 일 휴무
₩ 두부찌개 8,000 비지장 8,000 청국장 8,000 두부김치찌개 8,000 Ⓟ Y

16 메밀뜰 매일 만드는 정성스런 옹심이

제천맛집으로 옹심이 메밀칼국수와 감자옹심이가 대표메뉴다. 막국수, 수육, 메밀만두 등의 향토음식을 정갈하게 제공하며, 매장이 넓고 깔끔하다. 직접 빚는 옹심이가 담백하면서도 쫄깃한데 맛의 비결은 매일 아침 그날 사용할 옹심이를 빚는 것, 10년을 하루 같이 해 온 일이다. 옹심이칼국수 2인분과 수육, 옹심이칼국수 2인분과 홍어무침이 함께 나오는 세트메뉴도 인기 있다.

제천시 신죽하로 143 043-642-0707 10:00~20:00, 브레이크타임
14:30~16:30 라스트오더 19:30 ₩ 옹심이 메밀칼국수 11,000, 감자옹심이 12,000,
물 · 비빔막국수 10,000, 옹심이 2인+수육 세트 32,0000 0 Ⓟ Y

17 명가박달재 맛과 건강이 있는 품격 약선요리

2020 '약선 천연조미료 명인'으로 지정된 정연순 레시피의 약선 요리 전문점이다. 황기, 당귀, 갈근, 숙지황 등 16가지 약재를 달인 육수와 간장을 쓰고, 파뿌리, 양파껍질 등으로 국물을 내고, 말린 사과나 생강청 등으로 단맛을 더한다. 약선 불고기 정식, 떡갈비 정식, 한우 투뿔 꽃등심 등의 고기 메뉴들이 든든하다. 평일 점심에만 가능한 쌈밥정식(차돌박이/불고기)은 가성비가 뛰어나다. 고기는 한우만 사용한다. 넓은 실내, 룸 완비, 주차장 완비 등도 장점이다.

제천시 신죽하로 50 070-8825-1500 11:30~21:00 ₩ 약선불고기정식 19,000 본 불고기정식 19,000 한방약선떡갈비정식 23,000 점심특선 16,000 0 Ⓟ Y
@bakdaljae

18 바우본가 유일무이한 순채 전문가의 사랑의 해독 밥상

1980년부터 영업해 온 제천 대표 약선요리 식당이다. 화려한 이력의 박화자 대표는 해독에 효과가 있는 순채 전문가로 알려져 있는데, 바우본가에서 식전차로 순채를 맛볼 수 있다. 대표 메뉴는 수라정식,구기자 황기 해물 누룽지탕, 치자전병, 설연버섯과 오징어 식해, 감국 해물 누룽지, 황기 견과류 북어구이, 울금 떡갈비 등 평소에 먹기 힘든 요리들이 한 상 가득 차려진다. 전복과 황기가 듬뿍 들어간 전복황기삼계탕도 든든한 메뉴다.

제천시 숭문로 88-9 043-652-9931 10:30~20:30 일 휴무
₩ 수라정식 23,000 바우정식(2인이상) 45,000 Ⓟ N

19 산마루 곤드레나물밥의 품격

봄에 채취한 곤드레나물을 건조가 아닌 급냉 방식으로 저장해 사용하는 점이 특이한 곤드레나물밥 전문점이다. 생곤드레는 말린 나물에 비해 부드럽고 쓴 맛도 덜하고 색깔도 파릇파릇하다. 돌솥 곤드레나물밥에 불고기, 애호박전, 고추 튀김 등과 각종 반찬이 골고루 나오는 '곤드레정식밥상'이 대표메뉴다. 여기에 더덕구이와 황태구이가 더해지고, 돌솥 곤드레나물밥 대신 돌솥 영양밥을 선택할 수 있는 '영양밥 정식밥상'도 인기가 좋다. 평화롭고 넉넉한 식당 주변 환경도 힐링을 선사한다.

제천시 금성면 청풍호로 909 043-645-9119 11:30~19:00 수요일 휴무
₩ 떡갈비 12,000, 곤드레정식밥상/영양밥정식밥상 18,000 Ⓟ Y

20 산너울 장수촌 백숙 먹고 고소한 누룽지 먹고

약선 오리 닭 백숙 전문점이다. 누룽지 백숙을 주문하면 고기를 다 먹을 즈음 녹두와 함께 끓여 나오는 쫀득쫀득하고 고소한 누룽지가 하일라이트다. 보통 백숙 조리시간이 40분 이상 걸리기 때문에 이 메뉴를 원하면 예약을 해야 한다. 한편, 이 집 단골들이 알려주는 산너울장수촌의 이색적인 추천 메뉴가 있다. 바로 점심에만 제공되는 곤드레나물밥이다. 집에서 끓인듯한 된장찌개와 곤드레 나물이 들어간 밥, 열무김치, 김치, 오이장아찌, 된장 고추 등 특별할 것없는 반찬들이지만 그래서 더 정겹다.

제천시 용두대로29안길 6 043-652-7727 11:00~21:00 월 휴무
₩ 약선오리 누룽 지백숙 60,000 약선닭누룽지백숙 50,000 곤드레나물밥 7,000
Ⓟ Y

 119

21 스시바카 심상치 않은 1인 셰프 갓포요리전문집

2019년 오픈한 갓포요리 전문점이다. 갓포요리는 가이세키에 비해 코스보다 단품 위주로 즐길 수 있어 부담은 덜하지만 실력 좋은 요리사의 수준있는 요리를 즐길 수 있다는 점은 비슷하다. 타지에서 요리하던 셰프는 고향으로 돌아와 본격적으로 칼을 뽑았다. 계절별 조림요리와 서빙하기 네 시간 전 다시마 숙성을 하고, 총 이틀반 정도의 숙성 기간을 거친 사시미가 자신있다. 10종의 스시가 나오는 모듬 스시, 혼술도 즐길 수 있는 1인사시미, 카이센동등을 추천한다. 상호는 '스시 밖에 모르는 바보'란 뜻.

📍 제천시 내제로 176 ✆ 043-644-1005 🕒 17:30~23:00 일, 월요일 휴무
₩ 1인사시미 20,000 모듬사시미 45,000 카이센동 22,000 Ⓟ N
@sushibaka78

22 시골순두부 산초향과 두부의 환상적인 조화

'식객 허영만의 백반기행'에 등장한 손두부 식당. 매일 새벽 가마솥에서 정성스레 손두부를 만들어 오전 9시면 문을 여는데, 열자마자 기다렸다는듯이 손님들이 몰린다. 시골 정취 가득한 소박한 식당은 메뉴도 단출하다. 순두부, 두부찌개, 산초구이. 산초 기름을 둘러 팬에 구워먹는 산초구이 두부가 특별하다. 오후 2,3시면 문을 닫고, 재료가 소진되면 일찍 마감하니 유의할 것.

📍 제천시 중말8길 22 ✆ 043-643-9522 🕒 월~토 09:00~14:30 (재료 소진 시 조기 마감), 일 휴무 ₩ 순두부 10,000, 두부찌개 10,000, 산초구이 13,000 Ⓟ Y

23 오디향 아름다운 꽃비빔밥

1,000평 정도 되는 농장에서 직접 재배한 오디 · 꾸지뽕 · 아로니아 등 무공해 재료를 식탁에 올려 건강하고 화려한 밥상을 선보인다. 대표 메뉴인 오색꽃비빔밥은 알록달록 꽃잎과 나물을 곁들여 화려한 비주얼과 담백한 맛을 자랑한다. 화려한 비쥬얼의 오디향묵잡채도 추천. 뽕잎비빔밥, 육회비빔밥, 불고기비빔밥도 인기 있으며, 모든 밥에는 오디가 올려져 있다. 직접 만든 효소와 잼 등도 구입할 수 있다. 의림지 가스트로투어 리스트에 포함된 맛집이다.

📍 제천시 의림대로 594 ✆ 0507-1402-3327 🕒 11:00~21:00 브레이크타임 15:00~17:00 월 휴무 ₩ 오색꽃비빔밥 15,000 뽕잎비빔밥 12,000 육회비빔밥 15,000, 오디향 묵잡채 25,000 Ⓟ Y

24 우리소 골퍼들이 애정하는 고깃집

육즙이 풍부하고 식감이 연한 제천 한우1++를 즐길 수 있는 한우구이전문점이다. 육회비빔밥, 불고기, 갈비탕도 맛있다. 갈비탕 육수엔 황기, 옫나무 등의 약재를 넣어 우렸다. 잘 되는 고깃집은 좋은 고기를 좋은 가격에 제공하는 것이 미션! 이를 위해 소 농장을 직접 운영한다. 힐데스 하임 CC 입구에 있어서 아침 손님이 많아, 새벽부터 문을 연다는 것도 특이점이다. '우리소'라는 상호로 20년이 되다 보니 오랜 단골도 많다.

📍 제천시 내토로7길 7 ✆ 043-646-2626 🕒 05:00~21:00 ₩ 꽃등심(150g) 40,000 갈빗살(150g) 40,000 육회비빔밥 14,000 갈비탕 17,000 Ⓟ Y

25 장원순대국 순대국 문턱을 낮춰주는 현지인 맛집

뜨끈한 순댓국에 소주 한 잔 하는 정겨운 풍경이 펼쳐지는 현지인 맛집이다. 2007년부터 이 자리를 지켰다. 국물이 기름지지 않고 누린 내가 없어서 평소 순대국을 즐기지 않던 이들도 맛있게 먹을 수 있다. 젊은층들에게도 인기가 높은 순대국밥은 고소한 국물에 순대, 곱창, 머릿고기, 오소리감투 염통 등의 고기가 듬뿍 실하게 들어가고 들깨 가루가 구수한 풍미를 돋운다. 매일 매일 담그는 겉절이가 신선한 맛을 더한다.

제천시 내제로 274-1 043-647-8266 07:30~20:30 월 휴무
₩ 순대국밥 7,000 소머리국밥 8,000 순대 7,000 Ⓟ N

26 제천 시락국 기차 타기 전 시원하게 한 그릇 뚝딱

시락국은 시래깃국의 경상도 방언이다. 보통 멸치 육수에 된장을 풀지만 제천 시락국 스타일은 멸치 육수에 가자미까지 넣었다. 가장 중요한 재료인 시래기는 제천 백운면에서 온 단무지 무청으로 만든다. 11월 무를 뽑고 나면, 무청을 영하 20도에서 얼렸다 녹이기를 반복하며 겨우 내내 말려서 일년 동안 쓰는데 맛이 더 구수하다고. 별다른 반찬 없이도 시락국 한 그릇에 든든하다. 달걀말이 한 접시 추가하니 속이 풀린다. 식당 건물은 근대문화유산으로 지정되었다.

제천시 의림대로2길 16 043-642-0207 07:00~15:00 수 휴무
₩ 시래기밥 10,000 계란말이 3,000 Ⓟ N

27 지미오리온 일본식 라멘 전문점

일본식 라멘을 선보이는 집으로, 중앙시장 먹자골목 입구 쪽에 자리해 접근성이 좋다. 소박한 분위기이며, 키오스크로 주문해 빠르게 라멘을 받아볼 수 있다. 면의 탄력과 국물의 깊이를 조절한 다양한 옵션이 준비돼 있어 취향에 맞게 즐기기 좋다. 일요일 정기휴무, 브레이크타임이 있으니 방문 전에 운영 시간을 확인하면 안전하다.

제천시 풍양로 108 1층 나동 114호 010-6380-5001 11:00~19:30 일 휴무
₩ 이에케 라멘 10,000 오리온 돈코츠 라멘 11,000 Ⓟ N @ramen_jimmyorion

28 질고개쌈밥 쌈과 삼겹살의 조화, 백년가게

쌈 채소의 종류와 선도가 월등하다. 당귀, 케일, 컴프리, 적겨자, 청겨자, 청경채, 알배추, 청로메인, 레드 치커리, 삶은 양배추, 쪽파 등 계절에 따라 최대 열다섯 가지 쌈채는 대부분 직접 공들여 키운 것들이다. 삼겹살을 구워 쌈으로 먹는 것이 특징인데, 삼겹살은 갓 잡아 급랭 숙성한 국내산 암퇘지다. 각종 채소를 갈아서 직접 볶은 쌈장은 짜지 않고 구수하다. 아삭아삭 씹히는 쪽파 절임과 잘 익은 김장 김치도 맛있다. 삼겹살을 추가하는 테이블이 많다.

제천시 용두대로31길 55 043-645-6755 11:00~21:00 둘째, 넷째 일 휴무
₩ 쌈밥 15,000 삼겹살 15,000 Ⓟ Y

29 착한갈비 왕갈비 들고 뜯는 즐거움

제천 사람들의 대소사를 담당해 왔던 결혼식의 전당, '궁전뷔페'에서 운영하는 갈빗집이다. 국내산 생고기를 양념에 3일 정도 재운 돼지갈비는 달지 않고 은근한 맛, 230g에 1만 2천원인데, 뼈 대신 목살을 듬뿍 넣어 양이 넉넉하다. 엄나무순과 황기를 넣어 우려낸 육수에 인삼, 생강, 대추까지 고아낸 영양갈비탕도 한 끼 식사로 든든하다. 각종 약초와 건취, 곤드레 등의 나물에 육회를 올리고 약재를 달여 만든 찹쌀고추장으로 비벼먹는 약채락 육회비빔밥도 별미다.

제천시 청전대로 26 비동 1층 043-651-3500 11:00~22:00 수 휴무
₩ 돼지갈비 15,000 영양갈비탕 14,000 육회 비빔밥 13,000 Ⓟ Y

30 청풍떡갈비 마늘 떡갈비는 이집!

재료가 맛을 좌우한다는 철학으로 오직 최상급 한우만 사용하는 '청풍떡갈비'는 떡갈비만 3대째다. 특히 '마늘떡갈비'의 원조라는 자부심이 있다. 마늘떡갈비에 쓰이는 마늘은 단양에서 난 것으로 부드러운 육질의 떡갈비 위에 듬뿍 올려 맛을 냈다. 장부터 김치까지 모든 반찬을 직접 만든다. 230석 규모의 큰 식당이지만 단체를 받지 않는다고. 25년간 한 자리에서만 운영해 온 내공이 상당하다. 나무와 친환경 재료를 이용한 인테리어로 쾌적하며 식사 후 테라스에선 여유로운 티타임이 가능하다.

제천시 금성면 청풍호로 1643 043-644-1600 08:30~20:00, 주말 08:30~21:00 ₩ 숯불한우떡갈비 29,000
숯불마늘한우떡갈비 32,000 Ⓟ Y

31 하늘29 편안하고 친절한 올데이 다이닝

신월동의 한적한 언덕에 위치한 독채 정원 카페 겸 레스토랑이다. 용두대로 29길이라'하늘29'라 이름 지었다. 잘 가꿔진 정원과 시원한 전망을 자랑하며, 대중적이고 친숙한 분위기 덕분에 가족이 함께 와서 여유로운 시간을 보내기 좋다. 화덕에서 구워낸 피자가 맛이 좋으며, 저녁엔 정원을 내다 보며 맥주를 마시러 오는 젊은 층이 눈에 띈다. 잘 구성된 식사에 음료가 포함된 세트메뉴는 가성비가 뛰어나다. 식사부터 디저트까지 느긋하게 즐기기 좋은 곳.

제천시 용두대로29길 25-19 043-643-4557 11:00~21:00 월 휴무
₩ 파스타 16,000~ 새우라이스 16,000 함박스테이크 18,000 피자 20,000~33,000
바비큐폭립 58,000(900g 이상) 아메리카노 4,500 라떼 5,500 Ⓟ Y

32 호반식당 제천의 곤드레비빔밥 명가

1998년 개업한 향토 음식점으로, 생곤드레밥과 청국장이 맛있다. 부드럽게 삶아낸 곤드레 나물에 참기름과 양념장을 곁들여 비벼 먹는 맛이 담백하면서도 깊다. 가정식 두부구이도 추천 메뉴다. 소박하지만 정겨운 분위기 덕분에 현지인과 관광객 모두 즐겨 찾는다. 의림지 가스트로 투어에도 포함된 맛집이다.

제천시 의림대로 558 (모산동) 043-645-2076 11:00~16:30, 월 휴무
₩ 곤드레정식 15,000, 청국장/된장찌개 11,000, 두부구이 12,000

33 홍굴부추칼국수 부추와 굴, 홍합의 환상 궁합

많은 단골을 보유한 25년 넘은 역사의 식당이다. 영업 준비는 매일 새벽 칼국수 반죽으로 시작한다. 면이 녹색인 이유는 부추 즙이 들어가서 그렇다. 여기에 통영산 생굴과 마산 홍합으로 시원하게 우린 국물을 끓이면 홍굴부추칼국수가 완성된다. 보통 상에서 즉석에서 끓여 먹는데 가격을 보면 놀랄 정도다. 하이라이트는 마지막에 볶아 먹는 볶음밥이다. 오대쌀에 부추와 김가루 듬뿍 넣고 들기름으로 볶아 아이들도 좋아한다. 아삭아삭 칼국수와 궁합을 이루는 겉절이도 맛있다. 배달맛집이기도 하다.

제천시 풍양로11길 5 043-646-4122 10:30~19:30
₩샤브칼국수 9,000 부추칼국수 7,000 메생이칼국수 8,000

34 황금들 비빔밥인지 한정식인지

잘 손질된 정원이 있는 이층 양옥집, 30년 이상 내공의 '황금들'은 비빔밥 전문점이다. 황기, 뽕잎, 오가피, 표고버섯, 도라지 등의 각종 나물과 약채가 들어간 비빔밥에 파뿌리, 양파껍질, 마늘껍질, 다시마, 새우, 게, 멸치로 육수를 낸 된장찌개가 곁들여 나온다. 제천 오대쌀을 딱 일주일 쓸 양만 도정해 사용해 밥맛이 좋고, 당귀, 황기 등을 달인 찹쌀고추장은 짜지 않다. 분명 1만원짜리 비빔밥 단품을 주문해도 전, 샐러드까지 반찬 깔리는 것을 보면 세미 한정식 급이다. 정식으로 주문하는 한정식과 삼겹살이 기대되는 이유다.

제천시 의림대로 4길 10 043-645-1729 12:00~21:30 비정기 휴무
₩ 약채락 비빔밥 10,000 황금들한정식 20,000 버섯전골 10,000 Ⓟ Y

35 황금연못 해산물 돌솥밥과 한정식 한상

통영 굴과 완도 전복을 맛볼 수 있는, 해물 찾기 힘든 동네라 더 반가운 집이다. 전복과 인삼이 들어간 돌솥밥에 다채로운 요리가 나오는 '한방영양정식'이 추천 메뉴다. 인삼튀김, 마전, 당귀 잎과 버무린 문어 무침, 바삭한 황태구이, 굴전, 보쌈 등이 한 상 가득 차려진다. 전복 돌솥밥이나 굴 돌솥밥에 여러가지 요리가 차려지는 전복 정식, 굴 정식만 해도 든든하다. 장맛 좋고, 손맛 좋은 식당. 온가족이 함께 방문해 즐기기 좋은 곳이다.

제천시 내토로 281 043-647-5687 11:00~ 20:00 월 휴무
₩ 한방영양정식 30,000 전복정식 27,000 굴정식 23,000 곤드레밥정식 17,000Ⓟ Y

36 황호식당 현지인이 사랑하는 해장 맛집

다슬기는 지역에 따라 올갱이, 고동, 고디, 올뱅이, 꼴부리 등 다양하게 불리는데, 제천 지역은 '올뱅이'라 한다. 황호식당은 현지인들이 꼽는 제천 최고의 올뱅이 식당이다. 부추, 아욱, 청량고추를 넣고 집 된장으로 간을 해 걸쭉하고 깊은 맛을 내는 올뱅이해장국은 다대기 듬뿍 넣어 맛이 업그레이드시킨다. 깍두기, 풋고추와 된장, 김치와 쥐포 등 상차림은 간단하지만 깔끔하고, 특히 깍두기의 시원한 맛이 좋다. 텃밭에서 직접 키운 부추를 요리에 사용하며 양도 푸짐하다. 오전 일찍 영업을 시작해 해장이 필요할 때 반가운 곳, 소머리 국밥도 추천한다.

제천시 청전대로2길 4 043-652-3314 06:30~19:00 ₩ 올뱅이해장국 12,000 올뱅이전 15,000 올뱅이무침 25,000 소머리국밥 12,000 수육 30,000 Ⓟ Y

박달권

37 광천막국수 달달하고 매콤한 막국수

20년째 같은 맛을 이어오고 있는 지역 맛집이다. 약재가 들어간 육수와 양념으로 맛을 내고, 다시마 물로 반죽한 자가제면에 채소를 듬뿍 올린 막국수 한 그릇은 맛도 좋지만 양이 엄청나다. 면에 메밀 함량이 적어 쫄깃한 편, 어린이들도 잘 먹는다. 채소와 꿩 고기로 만든 꿩 찐만두도 별미이고, 단양 양조장의 막걸리를 받아다가 새콤달콤하게 블렌딩한 이 집만의 막걸리도 가볍게 곁들이기 좋다.

📍제천시 봉양읍 용두대로36길 58 ⓒ 043-653-5523 ⓒ 09:00~20:30 설 휴무 ₩ 광천막국수/비빔국수 9,000 갈비탕 11,000 꿩찐만두 6,000 Ⓟ Y

38 묵마을 묵맛, 고향의 맛!

묵마을은 제천 IC와 멀지 않은 곳에 자리잡은 향토 음식점이다. 낡고 초라해 보이지만 내공이 단단한 식당으로 월악산, 금수산 등에서 채취한 도토리만을 사용하여 채묵밥, 도토리전, 묵무침 등을 만든다. 대표메뉴인 채묵밥은 시원하게 끓인 육수에 채 썬 묵을 넣고 김치, 고추 등의 양념을 넣어 밥을 말아 먹는다. 여름엔 차갑게 겨울엔 따뜻하게 즐긴다. 묵 맛은 다소 심심하지만 함께 나오는 양념을 넣어 먹으면 간이 딱 맞고 고소하고 깊은 맛을 느낄 수 있다. 내부에 걸린 그림들은 중국에서 활동하는 수묵 화가 류시호의 그림이다.

📍제천시 봉양읍 주포로 3-1 ⓒ 043-647-5989 ⓒ 11:00~ 19:00 명절 휴무 ₩ 채묵밥 10,000, 묵무침 15,000 도토리전 9,000 Ⓟ Y

39 별채 막걸리도 유기농? 운치 있는 저녁

별채는 리솜 포레스트 내 위치한 주점이다. 리조트 숙박객이 아닌 경우 '별채'에 굳이 방문할 일이 있을까 싶었지만 의외로 스파 일일 이용객들이나 주변에 머무는 이들, 그리고 '산아래', '산아래석갈비' 등의 식당을 방문한 뒤 정보를 얻어 2차로 이곳에 오는 이들도 꽤 있다. '별채'의 인기메뉴는 어묵탕과 해물파전이다. 다양한 맥주들도 있지만 이곳에선 유기농쌀막걸리 '산아래'를 마시는 것이 정석이다. 실내에 좌석이 많지 않은 관계로 금방 만석이 된다. 야외석을 이용하거나 포장도 가능하다.

📍제천시 백운면 금봉로 365 리솜 포레스트 내 ⓒ 043-649-6000 ⓒ 15:00~22:00 ₩ 한우육전 36,000 해물파전 28,000 빨간오뎅 15,000 어묵탕 29,000 유기농쌀막걸리 7,000 Ⓟ Y

40 산아래 의심 없이 즐기는 좋은 밥상

좋은 재료에 대한 확고한 고집이 있는 유기농 쌈밥집이다. '산아래 석갈비', '황기춘추', '별채' 등을 함께 운영하며 '산아래막걸리'및 간편식 밥도 제품으로 생산한다. 발아 현미로 밥을 짓고, 자연방사 유정란, 유기농으로 키운 식재료들로 믿을 수 있는 식탁을 꾸린다. 우렁 쌈밥, 한방 수육 쌈밥, 오로지 감자만 갈아서 만든 감자전 등이 스테디 셀러다. 충북향토음식경연대회에서 금상과 대상을 수상했으며, 농림부 후원 친환경 농산물 우수 식당이기도 하다.

📍제천시 봉양읍 앞산로 174 ⓒ 043-646-3233 ⓒ 10:30~20:30 수 휴무 ₩ 우렁쌈밥 25,000, 산아래 정식 35,000/38,000 Ⓟ Y

41 열두달밥상 조물 조물 맛있는 나물이 한가득

'2019 코리아 월드 푸드 챔피언십' 대상을 수상한 김영미 대표가 운영하는 약선 요리 식당으로 정갈하고 품격있는 요리를 즐길수 있다. 산골짜기 청정농장에서 온, 또는 직접 키운 재료들만 사용해 깨끗하게 요리한다. 기와 혈을 보하는 팔물탕으로 지은 밥에 각종 나물이 나오는 '가마솥 약초 밥상'이 대표메뉴다. 민들레 잎을 올린 돌솥밥에 각종 나물이 나오는 '하얀 민들레밥'도 인기다. 고기 한 점 없어도 머위, 방풍, 취, 돌미나리, 고구마 줄기, 달래, 곰취, 오가피 등의 나물과 장아찌, 도토리 묵이 차려진 밥상을 받으면 절로 기운이 솟는 느낌.

제천시 백운면 금봉로 161 043-643-0888 10:00~21:00 화 휴무
₩ 가마솥 약초밥상 15,000, 토종 하얀민들레밥 15,000 Ⓟ Y

42 왕미쌈밥 직접 키운 채소로 차리는 건강 쌈밥

넓은 주차장과 작은 하우스 텃밭이 있는 시골집 분위기의 정겨운 식당이다. 주인장이 나고 자란 가정집을 개조해 식당을 연지 15년 됐다. 쌈밥, 오리 훈제 쌈밥, 주꾸미 삼겹살 쌈밥 등 메뉴가 다양한데, 돌솥 쌈밥이 가장 인기 있다. 주문이 들어가면 새로 돌솥밥을 짓고 소담하게 공기에 퍼낸 뒤 돌솥은 숭늉을 만들어서 준다. 돼지고기 수육, 각종 전, 생선구이, 밑반찬과 함께 로메인, 콜라비, 케일, 겨자잎, 상추 등 직접 키운 쌈채소가 가득 나온다. 물도 헛개를 비롯한 약초 우린 물이라 구수하고 몸에 좋다.

제천시 봉양읍 용두대로38길 7 043-653-5583 11:30~20:30 둘째, 넷째, 다섯째 일 휴무 ₩ 돌솥쌈밥 18,000, 쌈밥 16,000 Ⓟ Y

43 탁사정 다리골 도토리묵 · 돌솥밥 한정식 전문점

탁사정 인근에 위치한 오래된 한식당으로 도토리묵과 영양돌솥밥이 대표 메뉴다. 직접 쑨 도토리묵은 탱글한 식감이 특징이며, 돌솥밥에는 은행, 해바라기씨, 잣, 대추, 밤 등의 견과류가 듬뿍 들어가 독특한 풍미를 자랑한다. 동그란 바구니에 담겨 나오는 반찬은 담백하고 정갈하며 된장찌개와 누룽지가 호평을 받고 있다. 건강과 정성이 담긴 밥상이다. 가장 유명한 메뉴는 민물새우탕이다. 재료 소진 시 일찍 문을 닫으니 방문시 확인 할 것.

제천시 봉양읍 제원로 483 043-644-2235 08:00~15:00, 화 휴무
₩ 민물새우탕 45,000 굴알밥 13,000 영양돌솥밥 13,000 곤드레돌솥밥 12,000 Ⓟ Y

청풍권

44 가람 어탕의 정석, 어부가 차린 밥상

수산면에서 나고 자란 자매가 2012년부터 운영해 온 '가람'은 어탕과 뽕잎밥정식으로 유명하다. 직접 청풍호에서 민물고기를 잡고, 직접 담근 장과 수산면에서 나는 나물과 약초로 요리한다. 민물고기를 살만 고아낸 이집 어탕은 비린 맛 없이 고소하고 개운해 민물탕을 못 먹는 이들도 한 그릇 뚝딱 비우게 된다. 고혈압과 당뇨에 좋다고 알려진 뽕잎을 채취해 삶고 진공해 일년 내내 뽕잎밥 정식에 쓰는데 그 향과 식감이 좋다. 브로콜리순 장아찌, 도토리전, 당귀순 샐러드 등의 반찬도 입맛을 돋운다.

제천시 수산면 월악로 2970 043-651-2264 11:00~20:00 월 휴무
₩ 어탕 10,000, 버섯전골 16,000 어탕순두부 12,000 Ⓟ Y

45 느티나무횟집 고소한 콩가루에 비벼먹는 송어회

45년 된 노포다. 청풍호에 가두리 양식장이 많던 1980년대에 어부였던 부부가 처음엔 다른 메뉴로 식당을 열었는데, 우연히 두 사람이 간단하게 먹던 음식인 비빔회를 내었더니 반응이 너무 좋아서 그게 메인이 됐다. 송어회를 각종 채소, 다진 마늘 기름, 콩가루, 초장에 쓱쓱 비벼 먹는 송어비빔회가 싱싱하고 고소하다. 남한강 쏘가리 매운탕도 고소하고 개운한 맛. 딸은 '느티나무횟집 청전점'을 운영한다. 6천 평의 땅에서 백태, 둥글레, 브로콜리, 고추, 적채 등을 직접 농사지어 사용한다.

제천시 청풍면 배시론로 4 043-647-0089 10:00~20:00
₩ 송어 비빔회 (2인부터) 25,000 쏘가리 매운탕(소,중,대) 110,000~130,000 Ⓟ Y

46 밥상 위의 보약한첩 보약인데 맛있네

'밥상 위의 보약한첩'은 제철 지역 식재료를 선별해, 건강한 밥상을 차리는 대표적인 약선요리집이다. 충북 향토음식경연대회 대상 수상을 비롯해 여러 대회 수상 경력을 보유한 대표는 더덕, 오디, 엄나무, 두릅 등을 직접 키우고 덕산면의 브로콜리순, 수산면의 수수를 넣어 요리에 적극 활용한다. 밥보정식을 주문하면 수수가 들어간 떡갈비와 더덕구이, 표고탕수를 맛볼 수 있다. 밥이 아니라 보약을 먹는 느낌, 새삼 이집의 상호에 고개가 끄덕여진다. 약고추장 더덕구이 삼겹살, 우렁 쌈채에 찌개와 반찬이 나오는 점심특선도 인기 있다.

제천시 청풍면 배시론로 40 010-8844-2887 09:00~19:00
₩ 밥보정식 18,000 점심특선 14,000 Ⓟ N

47 사과나무집 매일 만드는 보들보들 순두부

콩을 재배해 매일 맷돌에 갈고 가마솥에 끓여 손두부를 만든다. 가족이 운영하는 과수원의 사과가 모든 요리와 반찬에 사용된다. 손두부찌개, 손두부버섯전골이 대표 메뉴, 여름엔 시원한 열무사과국수가 일품이다. 단단하고 고소한 두부의 식감과 전골의 시원한 국물은 조화롭다. 장아찌나 김치 등의 반찬들도 개운하고 상큼해 배불리 먹어도 소화가 잘 되고 속이 편안하다. 식후엔 물 한 방울 안 넣은 사과즙으로 디저트를 대신한다. 일찍 문을 열지만 마감시간도 빠르니 반드시 전화해 보고 갈 것!

제천시 청풍면 비봉길2 043-645-8700 08:00~재료 소진 시
₩ 손두부찌개 17,000 손두부버섯전골 18,000 생손두부 12,000 Ⓟ Y

48 아오바바 현지인이 만드는 정통 베트남 음식

시내에서 한 시간 정도 떨어진 덕산면에 위치한 베트남 음식점이다. 베트남인이 주방을 맡고 있어 그런지 현지 맛을 그대로 재현했다. 반미 샌드위치에 들어가는 바게트 빵을 직접 만들고, 주민들과 함께 고수도 키우는 등 재료에 신경을 많이 쓴다. 10시간 이상 고아 낸 육수의 베트남 쌀국수, 바삭한 쌀 바게트에 양념고기와 무절임이 들어간 반미 샌드위치, 바삭한 베트남 식 부침개 반세어 등을 추천한다. 가격도 깜짝 놀랄만큼 저렴해 멀어도 '기름 값이 아깝지 않은 집'이다.

제천시 덕산면 약초로3안길 9 043-644-2560 10:00~19:00 화 휴무
₩ 쌀국수 10,000 반세오 10,000 Ⓟ Y @official_aobaba

49 약채락 성현 아이디어 만점, 즐거운 밥상

1994년부터 영업을 해온 역사 깊은 한정식집이다. 의림지에서 오래 영업을 하다가 청풍호 쪽으로 옮겨왔다. 주인장 솜씨와 성격이 좋아 단골층이 탄탄하다. 약선요리 과정을 공부한 주인장은 한약재로 사물탕을 끓여서 요리에 사용한다. 약선갈비, 더덕구이, 잡채, 흑임자소스 생 감자채, 약선 튀김, 제철 약선 나물, 양념게장 등이 정성스럽고 돌솥밥은 블루베리로 밥물을 지어 찰지고 보들보들하다. 가끔 테이블에서 직접 밤송이를 불에 태워 디저트로 만들어 주는 특별한 서비스를 선보이기도 한다.

제천시 청풍면 청풍호로54길 14-7 043-646-3319 11:00~20:00
₩ 약선갈비정식 25,000, 약선 불고기 정식 18,000 Ⓟ Y @sunghyeon515

50 예촌 손맛 좋은 어머니 밥상

청풍리조트 인근에서 23년 된 '예촌'의 2호점은 케이블카 동네인 물태리에 자리 잡았다. 카페 같은 인테리어로 젊은 감각이 넘친다. 대표 메뉴는 전, 나물, 약채로 양념한 불고기, 더덕구이, 된장찌개 등이 나오는'약채정식1'이며, 떡갈비를 추가한 '약채정식2'도 인기 있다. 매실청, 개복숭아청 등을 직접 담가 맛을 낸 반찬들이 감칠맛이 돈다. 영업시간 보다 조기 마감할 때도 있으니 미리 전화하고 갈 것.

제천시 청풍면 청풍호로54길 13, 2호점 043-647-0883 09:00~19:30 화 휴무 ₩ 약채정식 22,000 더덕구이정식 17,000 곤드레밥15,000 Ⓟ N

51 청풍황금떡갈비 건강에 좋은 노란 약재, 밥상 위 울금

황금빛 약초, 울금을 메인으로 사용하는 떡갈비 전문 식당이다. 울금으로 우려낸 울금떡갈비와 울금돌솥밥이 세트로 나오는 정식이 대표 메뉴다. 떡갈비는 너무 곱게 갈지 않고 칼로 다져 육질을 살렸고, 마늘이나 생강 대신 울금으로 고기 냄새를 잡았다. 돌솥밥은 울금과 황귀, 당귀, 둥굴레로 밥물을 만들어 짓는다. 반찬으로 풀치(새끼 갈치), 옥수수 범벅 등 도시에서 흔히 먹기 어려운 것들이 나온다. 본관과 별관 총 500석의 넓은 규모를 자랑하며, 아침 메뉴로 황태해장국과 된장찌개도 있어서 아침 식사하기도 좋다.

제천시 청풍면 청풍호로 1682 043-647-6303 월~금 09:00 ~20:30, 토~일 08:30~ 20:50 ₩ 울금떡갈비정식 24,000, 울금떡갈비+울금돌솥밥 정식 28,000 Ⓟ Y @jjlove9741

52 카우보이그릴 텍사스 바비큐의 성지

바비큐 전문 레스토랑인카우보그릴의 브리스킷은 바비큐의 끝판왕! 110도의 낮은 온도에서 천천히 오래 조리해야 참나무의 깊은 향이 배이고, 조직이 부드러워지는 브리스킷은 숙성 12시간, 훈연하는데 장장 14시간, 거의 24시간을 붙어 돌봐야하는 까다로운 부위다. 카우보이그릴 시그니처 플래터를 주문하면 브리스킷을 포함한 척립, 수제소시지, 치킨과 함께 맛 볼 수 있다. 캠핑 기분으로 여유롭게 즐길 수 있는 가족 나들이 장소, 1700평의 너른 땅에 평화롭게 위치한다. 예약필수. smartstore.naver.com/cowboygrill 에서 온라인 주문도 가능하다.

📍 제천시 청풍면 학현소야로 415-24 ✆ 043-647-3510 🕒 금,토 11:30 – 21:00 ,일 11:30 – 20:00, 월,목 12:00 – 20:00 화, 수 휴무 ₩ 잭 플래터 59,000 존 플래터 44,000 Ⓟ Y

53 플레이스 4 이태리짬뽕의 새로운 매력 발산

덕산면의 사랑방이자, 정감있는 동네 카페 겸 레스토랑이다. 시작은 간디학교 아이들의 빵 만들기 작업장으로 출발했는데, 졸업생이 돌아와 셰프를 맡으면서 어엿한 베이커리 겸 카페테리아가 되었다. 우리밀과 천연발효종으로 만든 바게트, 올리브 스틱 같은 식사빵부터 단팥빵, 소보로빵까지 종류가 다양하다. 쌀국수, 파스타, 피자, 밥 등 식사메뉴도 든든하다. 카페 앞 무인 판매대엔 주민들이 이름 붙여 생산한 농산물이나 찬거리가 진열되어 있어 맘이 따뜻해진다. 플레이스4의 존재는 동네 사람들에게 복지다.

📍 제천시 청풍면 청풍호로58길 16-4 ✆ 010-9873-1944 🕒 11:00~17:30 월 화 휴무 ₩ 매운쌀국수 9,000 이태리짬뽕 12,000 페퍼로니피자 12,900 토마토파스타 10,000 국물떡볶이 10,000 Ⓟ Y @place4.cafe

BAR&PUB

소도시의 밤을 외롭지 않게 보낼 바와 펍들

01 딜런 음악 애호가들의 성지

컴컴한 골목, 불 켜진 건물 하나, 문틈 사이로 흘러 나오는 록 음악, 소울이 넘치는 주인장과 레트로한 인테리어, 이야기가 넘치는 단골들 등 LP바가 갖추어야 하는 필요충분조건을 모두 갖춘 매력적인 바(Bar)가 제천에도 존재한다. 밥 딜런을 좋아하는 자유로운 영혼, 김성삼 대표는 좋아하는 음악을 마음껏 듣고 싶어 LP바를 차렸다고. 주종은 맥주와 소주, 안주거리는 먹태와 과일뿐. 간단하다. 상업적이지 않은 것이 유일한 단점이자 장점이기도 한 이 곳엔 때론 라이브가, 파티가, 자유롭게 펼쳐진다.

제천시 의병대로18길 13 010-4847-9424 일 후무
19:00~01:00 ₩ 먹태 20,000 소주 4,000 맥주 4,000 Ⓟ Y

02 솔티펍 벨기에 스타일의 수제맥주

포레스트 리솜 클럽 내에 위치한 수제맥주 전문 펍으로, 배론성지 수도원에서 인증받은 맥주를 판매한다. 청와대 만찬에도 오른 적 있는 '솔티 페일에일'이 대표 메뉴이며, 마르게리따 피자 등 간단한 안주도 함께 제공된다. 리솜 포레스트 숙박객이라면 한 번 들러볼 것.

제천시 백운면 금봉로 365, 포레스트 리솜 클럽 2층 043-649-6096
14:00~22:00 ₩ 솔티브라운 8,900~13,000 솔티IPA 11,000~16,000
마르게리따 피자 25,200 Ⓟ Y www.soltibeer.com

03 제천맥주 전통 시장 내 로컬맥주펍

중앙시장 내에 위치한 수제맥주 펍 겸 양조장으로, 제천에서 양조한 맥주를 현장에서 즐길 수 있다. 시장 특유의 활기와 어우러진 공간에서 신선한 맥주를 맛볼 수 있으며, 다양한 안주 메뉴도 함께 제공된다. 내부는 넓어 단체 모임도 가능하며, 지역민과 여행객 모두에게 인기 있는 로컬 펍이다. 가스트로 시내권 코스 방문지 중 하나다.

제천시 중앙로1가 36-1, 중앙시장 내 모아키친 0507-1409-1065
10:00~22:00 월 휴무 ₩ 도둑눈 7,500 예갈 7,500 산들바람 6,500

TAKE OUT

제천에 왔다면 맛봐야지요 그 도시의 명물 또는
그 도시를 기억하는 맛입니다.

01 덩실분식 전국구 찹쌀떡 명가

1965년부터 이어온 50년 전통의 노포다. 100% 국내산 찹쌀, 팥으로 정성껏 만든 찹쌀떡과 도너츠는 어릴 때 시골에서 먹어 봤던 추억의 맛이다. 구도심 작고 허름한 분식집에서 시작한 찹쌀떡이 전국구 힛트를 치면서 오픈런을 해야 하는 집이 됐다. 매일 새벽 4시 반부터 찹쌀떡을 빚고 도넛을 튀기는데 오후 2시 전후 품절이 되는 일이 허다하다. 가스트로투어 시내권 방문지이다.

제천시 독순로6길 5 043-643-2133 08:30~18:00 일 휴무
₩ 덩실찹쌀떡 6개 7,200 10개 12,000 덩실링도넛10개(10시 판매) 12,000

02 맛남제과 수제 소금빵 전문 베이커리

당일 생산 · 당일 판매를 원칙으로 다양한 소금빵과 크림빵, 카스테라, 타르트 등을 선보이는 빵집으로 약채락 선정 업체다. 착한 가격의 소금빵은 매니아층을 형성했다. 지역에서 생산된 막걸리 지게미를 활용한 천연 발효빵은 쫄깃하고 맛있다. 깔끔한 테이크아웃 전용 매장을 운영한다. 하소동 중심가에 있어 접근성이 좋다.

제천시 하소로 53 1층 0507-1483-0005 11:00~20:00, 일 · 월 휴무
₩ 소금빵 2,000~3,500 @bbang_joa0805 @bbang_joa0805

03 제천샌드 제천에도 있다, 제천샌드!

전국적 유행의 '샌드'가 제천에도 상륙했다. 제천의 특산물인 사과, 복숭아 그리고 땅콩, 솔티캬라멜을 넣어 구웠다. 테이크아웃 위주의 상점이며, 맛을 보고 싶으면 4구 믹스, 선물하고 싶다면 10구짜리 세트를 추천한다. 기름에 튀기지 않고 구운 호두정과도 인기다. 제천의 랜드마크 의림지 순주섬을 형상화한 디자인으로, 포장도 예뻐 여행 선물로 인기가 높다.

제천시 풍양로13길 10-1, 1층 0507-1372-5966 09:00~18:00, 수 휴무
₩ 사과&복숭아 샌드 믹스 10구 18,000, 카라멜&피넛 샌드 믹스 10구 17,000, 호두정과 단품 6,000, 4구 믹스 샘플러 8,000 @jecheon_buttersand

CAFE & BAKERY

유명 프랜차이즈 커피숍? 물론 있습니다. 스타벅스, 탐앤탐스, 투썸플레이스, 이디야 커피는 물론 설빙, 맥도널드, 롯데리아까지. 하지만 여행자들은 그 곳만의 색이 묻어나는 공간에 머무르길 원합니다. 그것이 여행의 시간이니까.

시내권

01 관계의 미학 내공있는 바리스타의 감성카페

오랫동안 제천에서 사랑받고 있는 로스터리 카페로 커피 맛으로도 정평이 나있어 시내 가스트로 투어 코스에서도 빠질 수 없는 방문지다. 과거에 여인숙으로 쓰이던 구옥을 카페로 개조해 빈티지한 가구와 소품을 놓아 레트로한 분위를 더했다. 대화, 친목 보다는 독서, 조용한 작업, 혼자만의 시간을 원하는 이들의 공간이다. 천천히 오래 머무르고 싶은 곳.

제천시 숭문로16길 14 · 0507-1410-0690 · 08:00~18:00 화 휴무, 마지막 주 월화 휴무 · ₩ 아메리카노 5,000 아포카토 8,000 스콘 3,500 브라우니 4,000 · Ⓟ N · @gwangyeuimihak

02 꼬네 의림지 솔밭뷰 로스터리카페

1세대 로스터리 카페로 핸드 드립 커피가 전문이며, 스페셜티 커피를 권한다. 좋은 원두, 뛰어맛의 로스터리 카페인데도 가격이 낮아서 놀랍다. 1세대인 박현철 오너 바리스타에게서 2세대인 아들 박주성 바리스타에게로 그 맛이 전수되고 있으며, 아내이자 엄마인 안주인이 매일 직접 구워내는 빵류도 다양하다. 소금빵, 소보루빵, 단팥빵, 크루아쌍 등등. 통창으로 보이는 솔밭뷰가 시원하다. 가스트로투어 방문지이며 블루리본도 달았다.

제천시 의림대로 657 · 043-645-4535 · 월~일 09:00~21:00, 휴무일 없음 · ₩ 핸드드립 & 베레이션커피 5,500 아메리카노 4,000 카페라떼 4,500 · Ⓟ Y · @cafe_cogne

03 다원애 전통찻집 걸쭉한 쌍화차와 대추차가 일품

의림지 인근에 자리한 전통찻집이다. 커피부터 전통차, 미숫가루, 마더덕즙 같은 건강음료, 에이드까지 등 다양하게 즐길 수 있다. 특히 궁중 쌍화차는 이 집의 시그니처로 묵직한 돌그릇에 담겨 나와 모양새도, 맛도 근사하다. 대추와 잣, 호두 등의 견과류가 아낌없이 들어가 있고 18가지 재료로 정성들여 끓여 낸 시간이 느껴진다. 넓은 내부와 테라스 좌석이 마련돼 사계절 내내 편안하며 전 세대가 즐길 수 있는 힐링 공간이 됐다. 가스트로투어 의림지권 방문지로 지정되었다.

제천시 의림지로 126 · 043-653-7009 · 10:30~22:00 둘째 넷째 화 휴무 · ₩ 궁중쌍화차 7,000, 대추차 6,000, 홍시쥬스7,000

04 마카롱 오직 마카롱

오직 마카롱에만 집중하는 마카롱 전문점이다. 천연색소를 사용하는 화사한 파스텔 톤의 알록달록 마카롱의 종류는 매일 매일 달라진다. 크림치즈 블루베리, 소금바닐라, 솔티 캬라멜, 커피 브라우니, 말차 누텔라, 카라멜 오레오, 죠리퐁, 딸기 바나나, 바닐라 초코볼 등 베리에이션이 무궁무진하다. 식감이 쫀득하며 달지않아. 오후에 가면 대부분 소진될 정도로 인기가 좋다. 색깔과 모양도 예뻐서 피로할 때 나에게 선물하는 디저트로, 타인을 위한 부담 없는 선물로도 좋다. 자그마한 테이블도 두 개 놓여있어 잠시 쉬어갈 수도 있다.

제천시 내제로25길 4 · 010-7187-2451 · 11:30~ 22:30 휴무일 인스타에 사전 고지 · ₩ 마카롱 3,000 아메리카노 3,500 · Ⓟ N · @macaron885

05 본초다담 한방으로 힐링하고 쇼핑도 하고

제천의 '한방'이란 테마로 족욕과 차를 함께 즐길 수 있는 힐링 카페다. 2~30분 간 족욕 후 휴식하며 한방차를 마시는 체험은 여행객들에게 인기 폭발, 본점인 의림지점에 이어 엑스포점을 신규 오픈했다. 넓고 쾌적한 분위기에서 맛있는 특제 대추차와 쌍화차를 즐긴다. 열 두 가지 약재를 옹기에 일곱 시간 동안 달여서 만든 쌍화차는 특히 인기 있다. 카페 한쪽에는 황기, 홍삼, 맥문동 등으로 가공한 지역 제품들을 전시, 판매한다.

제천시 한방엑스포로 16 1, 2층 043-645-2330 화~일 10:00~18:00 월 휴무 ₩ 한방차(쌍화/대추/생강) 5,000원,아메리카노3,000원,족욕+황기차 9,000원,족욕+수제한방차 12,000원 ⓟ Y

06 빌라드도화리 크로플 맛집, 사진 맛집

주말엔 사진 스튜디오로 변신하는, 주중에만 오픈하는 카페다. 상업시설이 없는 외딴 언덕 길 주거용 빌라들 사이에 위치해 있어 오로지 풍경과 커피에 집중할 수 있다. 인기 메뉴는 크로풀(크로아상 반죽으로 구운 와플)인데 주문 즉시 버터향 가득하게 구워낸다. 바삭하고 따뜻한 크로플 위에 아이스크림, 메이플시럽을 듬뿍 올려 커피와 즐기면 오후가 달콤하다. 모든 것이 화이트, 단순하지만 잘 계산된 곡선과 절제된 소품들, 고양이 두 마리, 라탄 의자, 초록 식물들이 어우러진 감성적인 공간에서 포토타임도 즐길 수 있다. 정원 테라스에서는 즐기는 해 바라기도 꿀맛.

제천시 송학면 도화로 38-17 010-4010-0521 11:00~21:00 월 휴무 ₩ 아메리카노 4,500 도화리라떼 6,500 크로플 7,000 ⓟ Y ⓟ @villa_de_dohwari

07 소쿠리 비건 현미식빵의 성지

넓은 매장과 편안한 좌석에서 금방 구운 건강한 빵과 음료를 즐길 수 있는 유기농 베이커리다. 특히 현미식빵이 유명하다. '생활의 달인'이란 프로그램에서도 찾아왔던 곳으로 현미식빵과 무설탕비건현미식빵 등으로 현미식빵 매니아를 양산 중이다. 그 밖에도 파래귀리식빵, 호두식빵 ,소보루, 단팥빵, 올리브갈릭브레드, 곤드레빵, 크림치즈무화과 등 메뉴가 다양하다. 모든 빵은 버터, 우유, 계란이 들어가지 않았다. '카페에서 사용하는 잔은 아기 젖병을 만드는 소재로 만들어 안전하고 깨끗하다'라는 코멘트도 있다. 약채락 2025 리스트에 추가되었다.

제천시 하소로 17 1층 043-642-1340 07:30~18:30, 일 휴무 ₩ 아메리카노 3,000 카페라떼 4,000 현미식빵 7,000 무설탕비건 현미식빵 8,500 찰식빵 7,000 현미빵 · 단팥빵 · 롤케이크, 커피 · 논커피 음료

08 솔솔 식사 빵을 원한다면…

의림지 가는 길목, '건강한 유기농 빵 가게'란 간판을 내건 베이커리 솔솔을 만날 수 있다. 바게트, 치아바타,클래식 샤워도우 등의 유러피안 스타일의 식사 빵이 많다. 유기농 밀가루와 천연발효종으로 만든 건강한 빵이 있는 베이커리 카페다. 클래식 잠봉뵈르부터 바질 등을 넣은 다양한 변주의 치아바타 샌드위치는 이 집의 인기메뉴. 음료와 샌드위치를 브런치로 즐겨도 좋을 것 같다. 약채락 2025 리스트에 선정되었다.

제천시 의림대로 416 1층 0507-1425-7854 월~일 08:30~20:00, 월 화 휴무 ₩ 페퍼 스카치 라떼 6,500 앙버터 4,500 아메리카노4,000 ⓟ Y ⓟ @solsol_8253

09 순수해 수준급의 파티세리

특급 호텔 출신의 파티셰가 매일 아침 직접 굽는 케이크, 타르트, 파이, 쿠키 등이 있는 파티세리 카페다. 첨가물, 방부제, 식물성유지로 만든 가공크림을 배제하고, 유기농 재료와 생크림을 사용해 정성껏 구운 케이크와 파이가 먹는 이들을 감동케 한다. 조각 케이크 하나에 커피나 차를 곁들여 달달한 시간을 가지기에 좋은데, 계절 과일을 듬뿍 올린 과일 타르트가 특히 맛있다. 홀 케이크를 주문 예약할 경우 레터링 서비스도 가능하니 기념일을 맞이한 여행자라면 미리 예약해도 좋을 듯하다.

제천시 죽하로 71-1 1층 0507-1484-0543 11:00~22:00 월 화 휴무
₩ 자몽얼그레이 5,800 아메리카노 4,000 자몽시트러스 5,500 조각케이크 6,200~ 쿠키 2,800 Ⓟ Y @soonsoohae

10 앙트베이커리 쌀 빵을 찾는다면 바로 여기!

당일 생산 · 당일 판매 원칙으로 운영하는 쌀빵 전문점이다. 국내산 쌀가루로 만든 건강 빵이며 빵에 사용되는 물은 천연 유황이 함유된 미네랄 워터를, 발효에는 르방(한방천연발효종)을 사용한다. 빵에 들어가는 쌀가루 비율은 60%다. 대표 메뉴는 재미있는 아이디어 제품인 쌀차오미엔빵, 그리고 언제나 인기인 소금빵과 수제 팥앙금빵이다. 착한 가격, 건강한 재료를 쓰는 베이커리이니 빵지순례 코스로 놓치지 말 것. 매장 내에 테이블은 하나다. 약채락 2025년 리스트에 등재되었다.

제천시 의병대로17길 5 043-644-2828 09:00~19:00 일 휴무
₩ 쌀차오미엔빵 3,400 쌀소금빵 2,400 수제단팥빵 2,500 @entrerbakery_official

11 약선재 전통 디저트 카페

의림지 인근에 자리한 약선재는 그동안 제천에서 보기 드물었던 한식 디저트의 감성과 제천 식재료를 아름답게 풀어낸 곳이다. 개성주악, 두부과자, 약과, 떡 디저트 등의 옛것들이 아름다운 그릇과 솜씨있는 플레이팅을 만나 멋지게 한 상 차려진다. 한두가지 맛보는 것도 좋지만 '애프터눈 티세트'처럼 음료와 작은 디저트 여러 가지를 함께 맛볼 수 있는 '세트'메뉴를 추천한다. 궁중다과 2인상 또는 입 짧은 공주님 세트는 부담스럽지 않은 양이다. 가스트로투어 의림지권 방문지로 지정되었다.

제천시 의림대로49길 10-8 1층 0507-1377-4682 10:30~21:00 휴무일 없음
₩ 한방생강라떼 7,000 개성주악 3,400 입짧은 공주님 세트 13,000 궁중다과 1인상 10,000 궁중다과 2인상 28,000 Ⓟ Y @cafe_yaksunjae

12 오른커피 맛있는 도너츠와 커피

제천국제음악영화제의 메인 상영관인 메가박스 맞은편에 있다. 원목과 화이트 패브릭으로 꾸민 실내가 여성스럽고 아날로그적인 감성을 풍긴다. 이곳에선 도너츠와 커피를 함께 즐겨야 제대로다. 전국적인 인기를 끌고 있는 '정도너츠'는 버터와 달걀은 물론, 밀가루와 전분도 일체 쓰지 않는 100% 찹쌀도넛인데 '오른커피'에서만 즐길 수 있는 잇 아이템이다. 생강 도너츠, 인삼 도너츠, 고구마 도너츠, 커피 도너츠,시나몬 도너츠 등 종류가 다양하다. 주인의 편안하고 친절한 서비스도 돋보인다.

제천시 의병대로 101 043-648-4366 8:30~20:00 일 휴무
₩ 아메리카노 3,500 라떼 4,000 스무디 생과일주스 5,000 도너츠 1,300 도너츠 9개들이 박스 13,000 Ⓟ Y @orm_coffee

13 **우주산책** 책과 음악, 와인이 있는 골목 안 우주

조용한 주택가 칠성로 골목에 자리한 독특한 분위기의 공간으로 카페라고만 칭하기엔 범주가 다소 넓다. 책과 아름다운 물건들이 가득한 공간엔 부드러운 음악이 흐르고, 커피와 티, 와인, 위스키도 즐길 수 있으며 때때로 전시와 콘서트가 열리기도 한다. 김기연 대표가 직접 내려주는 드립커피가 좋다. 별자리 전문가인 김대표의 점성술 카운슬링을 원한다면 조용한 시간을 예약해 볼 것.

📍 제천시 칠성로2길 25 ⓒ 0507-1336-5881 ⓛ 12:00~21:30, 브레이크타임 16:50~18:00, 월, 화 휴무 ₩ 커피 5,500~6,500 ⓘ @woojoosanchaek

14 **이프테이** 엄마의 마음으로 굽는 빵

갓 구운 빵을 즐길 수 있는 시내의 몇 안되는 베이커리 카페. 천장이 높고 통창이 있는 실내는 쾌적하고, 야외 테이블에 앉으면 소도시 도심의 정취도 느껴진다. 바리스타 아들이 운영하는 커피숍에서 빵을 굽는 엄마는 오래 전부터 가족과 주변인들을 위해 빵을 구웠다. 좋은 식재료를 쓰는 것은 기본 중에 기본이다. 매일 나오는 빵과 요일빵을 구분해 다채로움을 더했다. 아침 7시부터 반죽을 해 제일 먼저 나오는 빵은 앙버터. 쌀이 함유되어 식감이 쫄깃한 것이 특징이다. 그날 구운 빵은 그 날 모두 소진한다. 오후 네시 이후 20프로 할인, 예약하고 픽업시 10프로 할인.

📍 제천시 죽하로 15길 23 ⓒ 043-922-9001 ⓛ 11:30~21:30 월, 화 휴무 ₩ 아메리카노 4,000 앙버터 5,500 Ⓟ N ⓘ @bakerycafe_iftay

15 **의림지 식빵** 의림지를 트렁크에 담다

제천 내토시장에 자리한 베이커리로, 지역 특산물과 약초를 활용한 건강한 빵을 선보인다. 제천의 대표 관광지 의림지를 모티브로 한 '의림지식빵'과 '배론식빵'은 풀사이즈와 하프 사이즈로 판매되며, 비건 쌀식빵과 쑥 라떼, 흑임자 라떼 등 다양한 음료도 준비돼 있다. 시장 구경 후 들르기 좋은 여행 코스로, 제천의 로컬 감성을 담은 빵집이다. 의림지를 내 트렁크에 담아가자.

📍 제천시 용두천로11길 10 ⓒ 0507-1446-1065 ⓛ 10:30~18:30 일 휴무 ₩ 의림지식빵 8,000 쌀식빵 5,000 쑥라떼 5,500 흑임자라떼 5,500

16 **카페1929** 제천의 귀한 한옥 카페

1929년에 지어진 한옥의 고즈넉한 분위기 속에서 커피와 브런치를 즐길 수 있는 곳이다. 내부에는 오르간과 골동품 등의 소품들이 레트로 감성을 더해 MZ들에게 특별히 더 인기가 있다. 브런치 메뉴인 '그릴드 더치베이비'는 소시지, 베이컨, 아보카도가 풍부하게 올라가 있어 한접시가 든든한 한끼가 된다. 디저트로는 바스크 치즈케이크, 음료로는 한방홍시가 인기있다. 약채락 리스트에 2025년 등재되었으며 블루리본 서베이에도 3년 연속 수록됐다. 넓은 주차장이 완비되어 있다.

📍 제천시 단양로10길 104 ⓒ 0507-1403-1929 ⓛ 11:00~17:00, 수 휴무 ₩ 한방홍시(ICE) 9,000 흑임자크림커피 6,500 Ⓟ Y ⓘ @cafe_1929

17 카페피노 프렌치 감성 폴폴~ 마카롱과 함께 하는 커피

2017년부터 영업해 온 의림지 대표카페다. 의림지 솔밭 공원 바로 앞이라 스페인어로 소나무를 뜻하는 '피노(pino)'로 이름 지었다. 솜씨 좋은 주인장이 가구, 조명, 패브릭까지 손수 꾸민 내부는 따뜻하고 편안하다. 프렌치 자수 작품들을 전시해 둔 공간 하나하나 구경하는 재미도 있다. 따뜻한 홍차와 스콘, 프렌치디저트 티그레를 마시고 싶은 카페다. 가스트로투어 의림지코스와 블루리본 선정 업체다.

📍제천시 세명로2길 27 ✆043-642-1376 🕒월~일 11:00~22:00, 휴무일 없음
₩ 아메리카노 4,200 에스프레소 4,200 라떼 4,900 키위주스 5,500 대파스콘 3,500 티그레 3,500 브리치즈애플스콘4,300 말차카라멜롤케이크 7,500 @pino_cafe

18 커피플러스 제이 의림지를 닮은 디저트, 티그레

통유리 인테리어와 잔디 마당이 있어 반려견과 함께 방문하기 좋은 커피플러스 제이는 의림지에서 10년 이상 영업해 온 편안하고 안정된 북카페다. 커피 뿐만 아니라 블루베리스무디, 고구마라떼 등 다양한 음료와 머핀, 베이글, 브라우니 등 직접구운 디저트를 판매한다. 가스트로투어 의림지권 방문지로, 의림지 호수를 형상화한 티그레가 반응이 좋다. 차와 티그레 마시러 커피플러스제이로!

📍제천시 제천시 의림대로 598 ✆043-653-3024 🕒10:30~24:30
₩ 에스프레소 3,500 아메리카노 4,000 콜드브루 5,000 머핀 3,800 베이글 3,800 브라우니 4,000 Ⓟ Y

19 콘파냐 과일 폭탄, 빙수맛집

콘파냐는 로스터리 카페지만 빙수, 디저트 맛집으로도 유명하다. 인스타그램에서 인기폭발한 복숭회빙수는 여전히 인기유지 중이고, 딸기 한 팩이 들어가는 '딸기통통' 메뉴는 콘파냐 만의 대담한 메뉴로 시그니처로 자리 잡았다. 제철 딸기, 체리, 청포도 등의 제철 과일로 디저트와 음료를 만드는 것으로 유명한데 과일을 듬뿍 넣은 아이스 디저트'통통'과 과일 빙수 시리즈는 계절마다 눈 여겨 볼 것. 복숭아 세 개를 솜씨 좋게 얇게 썰어 근사하게 쌓아 올린 화려한 비주얼의 복숭회빙수는 한 번 즈음은 꼭 먹어볼 것.

📍제천시 의병대로 71-1 ✆043-646-0515 🕒12:00~17:00 토, 일 휴무
₩ 에스프레소 3,500 콘파냐 3,500 아메리카노 3,500통통딸기 18,000 복숭회빙수 22,000 리얼망고빙수 29,000

20 티카페 차센 고요한 티타임

모산 비행장 부근의 카페들 중 단연 돋보이는 '티카페 차센'은 세계의 차와 디저트를 함께 즐길 수 있는 명소다. 말차파르페, 호지차파르페, 딸기파르페 등 다양한 파르페 메뉴와 함께 한입 다식세트로 차와 어울리는 전통 다과를 맛볼 수 있다. 조용하고 아늑한 분위기에서 차를 직접 우려 마시는 경험이 가능하다. 일본 대표 4가지 차를 경험하고, 여러 다식들을 즐길 수 있는 티코스는 예약제로 운영된다.

📍제천시 의림대로44길 15 1층 ✆0507-1469-7115 🕒11:00~22:00 일 휴무
₩ 티코스 40,000(1인) @teacafe_chasen

박달권

21 의림 다락방 청년들의 봉양 아지트 카페

제천의 젊은 농부들이 힘을 합쳐 운영하는 '의림다락방'은 상호와는 다르게, 봉양읍 문화복지센터 1층 모던하고 깔끔한 공간에 있는 카페다. 이곳은 농업인들의 소통공간이면서 거점 역할이기도 하지만, 소비자 입장에서는 각 농장에서 공수된 좋은 재료로 만든 먹거리들을 합리적인 가격에 만날 수 있다. 사과, 요거트, 잼 등의 상품도 구매할 수 있는 상설 마켓의 역할도 한다.

제천시 봉양읍 주포로5길 55 1동 1층 010-4020-8736 11:00~17:00 일 휴무
₩ 제천 베리에이드 4,500 제천100% 사과쥬스 4,500 아메리카노 2,500

청풍권

22 글루글루 인생사진 찍고 싶다면 여기!

옥순봉로에 자리한 카페로, 청풍호를 바라보며 여유를 즐길 수 있는 공간이다. 본관은 키즈존 · 펫존을 운영해 가족과 반려동물 동반이 가능하고, 별관은 노키즈존 · 노펫존으로 조용한 분위기를 원하는 이들에게 적합하다. 다양한 포토존과 넓은 공간 덕분에 여행객들에게 인생샷 명소로 사랑받는다. 흑임자를 넣은 '공구리라떼'와 산양삼을 넣어 건강하고 맛있는 '삼미차'가 아주 특별하다.

제천시 수산면 옥순봉로10길 22 2동 0507-1358-2664
월~금 11:00~18:00 토~일 10:00~ 18:30
₩ 카페라떼 6,000 공구리라떼 7,500 Ⓟ Y @cafe_glouglou

23 물태리빵집 착한 재료, 좋은 마음

재료 소진으로 종종 문을 일찍 닫는 물태리의 작고 정직한 빵집이다. 천연발효종을 만들어 사용하고 개량제나 유화제 등의 첨가물은 넣지 않는다. 한마디로 재료 좋고 유통기한 짧은 빵, 종류도 열가지가 안되는, 미니멀리즘을 실천하고 있다. 기본이 되는 식빵과 홍차무화과빵이 인기가 좋다. 목재를 직접 다루는 사장님의 손길에 가게는 언제나 깔끔하고 정갈하다. 주차는 바로 앞 공용주차장을 이용한다.

제천시 청풍면 청풍호로58길 16-4 043-645-0407
11:00~17:00 월, 목 휴무 ₩ 홍차무화과빵 4,500 치즈빵 3,000 마카티아 2,500
Ⓟ Y

24 카페 너른 청풍호 전망의 정원 카페

대규모 신상 베이커리 카페로, 청풍대교와 청풍호가 한눈에 들어오는 전망 맛집이다. 잘 가꾸어진 넓은 야외 정원과 식물원은 가족 단위 방문객들에게 특별한 인기다. 대형 베이커리다운 다양한 음료와 먹거리가 준비되어 있다. 전망을 즐기기에 좋은 곳이지만 한적함을 기대하긴 어렵다. 넓은 전용 주차장이 구비되어 있다.

제천시 청풍면 청풍호로 1684 0507-1357-8283 10:00~18:00 수 휴무
₩ 너른라떼 7,500 아메리카노 6,500

25 콘크리트월 전망과 건축의 아름다움을 즐길 수 있는 곳

노출 콘크리트와 복층 유리로 설계된 독특한 건축미가 있는 세련된 카페다. 2023 한국건축가협회 건축상을 받은 곳이라 건축만으로도 방문할 가치가 있다. 호수 전망과 드라마틱한 자연광을 강조한 디자인 덕분에 갤러리에 온 것 같은 느낌이다. 시그니처 메뉴는 서리태크림라떼, 상큼한 맛의 레몬파운드, 에그타르트 등의 디저트도 맛있다. 미감 있는 공간에서 기분 좋은 힐링의 시간을 느낄 수 있다. 곳곳이 포토존이다.

제천시 금성면 청풍호로 1566 0507-1408-3554 10:00~17:30 화 휴무
₩ 아메리카노 5,000 서리태크림라떼 6,500 패션후르츠에이드 6,500 Ⓟ Y
@space_concretewall

26 4월의 밀밭 월악산 자락의 뷰 좋은 카페

월악산 자락에 자리한 감성 카페로, 통유리 2층 건물에서 산과 하늘을 바라보며 여유를 즐길 수 있다. 가마솥 로스팅 커피와 다양한 티, 프렌치 토스트가 대표 메뉴로, 바삭하면서도 촉촉한 식감이 인상적이다. 등산객들이 하산 후 들르기 좋은 위치에 있어 '힐링 카페'로 불리며, 아늑한 분위기 덕분에 친구네 다락방 같은 편안함을 준다.

제천시 덕산면 월악산로 396-5 0507-1379-6022 수~금 11:00~19:00 토, 일 09:00~19:00 월 화 휴무 ₩ 아메리카노 5,000 오곡라떼 6,000 프렌치 토스트 8,000 Ⓟ Y @april_wheatfiel

ACCOMMODATION

게스트하우스와 깔끔한 호텔들은 시내에, 의림지나 청풍호 부근에는 아름다운 리조트와 펜션, 캠핑지, 전망 숙소들이 즐비합니다. 손품을 팔면 만족스런 숙소를 만날 수 있습니다.

시내권

01 청풍게스트하우스 추억이 쌓이는 정겨운 게하

제천역과 버스 터미널이 가까운 시내 유일의 게스트하우스다. 최대 수용인원 12명의 아담한 규모로 객실은 단 4개다. 남녀 구분한 2인실 두 개와 4인실 두 개로 구성, 깨끗하고 꼼꼼하게 관리한다. 대표가 와인 전문가라 삼겹살, 소주파티 대신 와인파티가 열리는 게하. 셀프 조식 코너인 공동 다이닝 룸에도 와인(유료)이 준비되어 있다. 할리갈리, 루미큐브, 다빈치 코드 등 여러 보드게임도 구비돼 있고 게스트하우스 손님만을 위한 투어 프로그램도 운영한다. 주요 이용객은 20~30대이며, 다른 여행자와 어울리는 걸 선호하는 사람들에게 어울리는 곳이다.

제천시 의림대로6길 5 0507-1377-5886 ₩30,000~
@wine_guesthouse

02 제천 어반 브라운 호텔 모던하고 서비스 좋은 신축호텔

2023년 8월 오픈한 어반브라운호텔 제천점은 넓은 주차장과 세탁시설 구비, 전 객실 스타일러와 PC 설치 등 장기 투숙객을 위해서도 편리한 시설을 갖추었다. 한달살기 숙소를 구한다면 참고해도 좋을 듯. 객실 타입 중 노래방까지 있는 패밀리룸도 있어 가족 여행객이라면 고려해 봐도 좋을 듯.

제천시 내토로 535 0507-1489-7055 ₩60,000~

03 목화랑 포근하고 정감있는 게스트하우스

1984년 이래 무려 30여 년간 운영된 목화장여관 건물을 리모델링한 '목화여관'은 마을 주민들이 주축이 되어 운영하고 있다. 지하와 1,2층 옥상에는 소극장, 북카페, 무인셀프세탁시설이 있고 3,4층에는 13실(36인)의 객실이 있다. 싱글룸, 최대 3인이 머물 수 있는 온돌방, 2층 침대가 구비되어 있는 침대방도 있다. 4인부터 6인까지 머물 수 있는 가족룸 등 다양한 객실이 여행자를 맞이한다.

제천시 명륜로 132 0507-1399-5949 ₩50,000~

04 엽연초하우스 근대 건축물을 리모델링한 숙

옛 엽연초생산조합 건물을 리모델링한 게스트하우스다. 모텔 분위기의 숙소를 선호하지 않는다면 고려할 만 하다. 1층에는 지역주민 및 숙박객들을 위한 카페가 있고 2층에는 8실(28인)의 객실이 있다. 아름다운 정원이 있으며, 주차도 가능하다. 2인용 객실은 침대형, 온돌형 두가지 타입이 있고 4인용은 2층 침대가 2개가 있다. 객실이 많지 않아 예약을 서둘러야 한다.

제천시 의병대로12길 8 043-920-2217 ₩60,000~

05 칙칙폭폭 999 뚜벅이 여행자를 위한 완벽한 숙소

칙칙폭폭 999 게스트하우스는 제천역 근처에 위치한, 기차를 테마로 한 숙소다. 1층은 카페 및 소매점, 2층은 지역주민을 위한 주민공동시설인 헬스장 및 작은 도서관, 3층에는 6개의 객실이 있다. 총 32인이 머물 수 있어 예약을 서둘러야 한다.

제천시 청풍호로2가길 10 043-644-3355

06 스테이201호텔 출장객들을 위한 가성비 호텔

스테이201호텔 제천점은 저녁이 되면 은은한 조명이 켜져 눈에 들어오는 제천역에서 가까운 호텔이다. 로비 스낵바에는 생수, 커피, 캔음료, 라면, 과자 등이 준비되어 있어 언제든지 무료로 이용할 수 있고 상비약도 마련해 두는 등 서비스가 좋다. 호텔 바로 옆쪽에는 작은 공원이 있어 도심 산책이 가능하다. 다양한 객실 타입이 있는데 디럭스룸에는 욕조와 스타일러가 구비되어 있다.

제천시 내토로33길 9 0507-1350-6462 ₩50,000~

07 휴가 게스트하우스

휴가 게스트하우스는 숙소에서 여유롭게 머무르며 카페,옥상정원, 바비큐 같은 부대시설을 즐기고 싶은 사람들에게 인기다. 총 11실, 수용 인원은 약 53명 규모의 숙소다. 이들 게스트하우스들은 침대방, 온돌방, 가족실, 도미토리형등 다양한 타입으로 구성되어 혼자 오는 여행자 뿐만 아니라 단체, 가족, 친구여행 등에도 고려해 볼만 하다.

제천시 용두천로42길 7 0507-1475-5960 ₩60,000~

청풍권

08 디투어스 캠프클럽 캠핑도 고급지게!

풀빌라와 캠핑장의 좋은 점이 결합된 개성 있는 숙소다. 넓은 면적에 캠핑카 디자인의 풀빌라와 스파 빌라가 들어서 있고, 객실에는 침대 룸, 전용 수영장 혹은 제트 스파, 개별 바비큐 정원 또는 야외 데크가 있다. 슬리퍼, 수건, 식기류, 와인잔 등의 어메니티도 전부 갖춰져 있어서 매우 편리하다. 밤 바람 솔솔 부는 야외 데크에서 빔프로젝터로 영화도 볼 수 있다. 각 빌라가 널찍이 떨어져 있어서 개인 공간이 제대로 확보되며, 바로 앞으로 호수가 펼쳐져 전망 또한 근사하다. 날씨가 좋을 땐 호수 위로 열기구도 띄운다. 모든 시설이 갖춰져 있는 만큼, 개인 화기나 취사 용품은 반입 금지이며, 13세 미만은 입실이 허용 안 되는 노키즈 존이다.

제천시 청풍면 청풍명월로 246 010-8933-7434 ₩129,000~
@detours_camp_club detourscampclub.com

09 수수헌 우리만의 파티를 위한 작은 별장

빼어난 경관과 인테리어를 갖춘 호숫가의 펜션이다. 중앙 천장이 높게 트여있는 2층 구조이며 1층 거실이 부티크 호텔 라운지처럼 근사하게 꾸며져 있다. 1층에는 방 셋, 화장실 둘, 부엌 하나가 있고, 2층에는 방 하나와 오피스 공간이 있다. 빔프로젝터, 이동식 스크린, 전자피아노 등도 있으며, 외부에는 바비큐장, 캠프파이어, 홈카페테리아, 자그마한 텃밭도 조성돼 있다. 중국에서 차 소믈리에 과정을 이수하고, 한국에서 티 인스트럭터 과정을 공부한 차 소믈리에인 주인이 내려주는 차를 마실 기회도 있다. 홈페이지를 참고할 것.

제천시 청풍면 청풍호로42길 87 010-8924-1352
₩700,000(준성수기 평일) ~ @soosooheon ssheon.com

10 청풍리조트 청풍호 관광의 출발점

전망, 위치, 시설, 가격이 두루 충족되는 청풍호반의 대표 리조트다. 청풍호와 비봉산이 한 눈에 들어오고, 청풍호유람선, 청풍랜드, 청풍호반케이블카 등의 관광지가 반경 2~3km 거리에 있다. 호텔식인 '레이크 호텔'과 콘도미니엄 스타일인 '힐 하우스' 두 건물로 이뤄져 있어서 취향에 따라 선택한다. 특히 레이크 호텔의 수페리어룸은 올 여름에 리모델링을 마쳐서 깔끔하다. 레이크 호텔에는 두 개의 레스토랑과, 수영장, 미니카페, 비즈니스 센터 등이 있고, 힐하우스에는 한 개의 레스토랑, 한방사우나, 피크닉장 등이 있다. 서로 다른 쪽의 부대시설을 이용할 수 있는데, 수영장이나 사우나의 경우는 요금이 달라질 수 있다. 국민연금관리공단에서 운영해 가성비가 매우 뛰어나다.

제천시 청풍면 청풍호로 1798 043-640-7000 ₩130,000~
@cheongpungresort cheongpungresort.co.kr

11 CLUB ES 제천리조트 클래식한 감성의 숲속의 집

1996년에 오픈한 제천의 1세대 리조트다. 스위스 샬레 풍의 목조 건물이 이국적인 분위기를 자아내며 청풍호에서 산자락으로 깊숙이 들어간 고즈넉한 산자락에 자리해 프라이빗하다. 빌라와 단독별장 두 가지 형태의 객실이 있는데, 빌라 객실에서도 독채 못지 않은 조용함을 느낄 수 있어서 좋다. 시설은 오래되었지만 전용면적이 동급의 리조트들 보다 월등히 넓다는 것도 장점으로 꼽힌다. 단지 내에는 수영장, 바비큐장, 탁구장, 골프퍼팅장, 산책로 등이 있으며, 풀밭에는 오리와 토끼가 살고, 염소와 사슴 방목장도 있다. 친환경 리조트를 표방하여 단지내에서는 인터넷이 잘 안된다. 회원중심으로 운영한다.

제천시 수산면 옥순봉로 1248 02-508-2773
@club_es clubes.co.kr/app/jecheon

12 월악산 유스호스텔 혼자 알고 싶은 비밀 휴가지

1999년 설립한 이래, 2021년, 2025년 두 번의 대대적인 리모델링을 거치면서 아름다운 취향과 트렌드를 덧입은 후 힙스터들의 방문이 이어졌다. 입소문을 타고 재방문객들이 많아지면서 매월 1일 오전 9시에 오픈되는 온라인 예약 페이지는 단 몇 분 안에 마감될 정도다. 통창 너머로 호수를 감상할 수 있는 객실, 통나무 오두막을 오마주한 공간, 반려견 동반이 가능한 객실, 가족형 도미토리까지 16개의 객실은 선택의 폭이 넓지만, 예약할 수 있는 인원은 제한적이다.야외 수영장에서는 호수와 산을 배경으로 물놀이를 즐길 수 있고, 저녁에는 바비큐와 불멍으로 하루를 마무리할 수 있다.

제천시 한수면 월악로 1372 0507-1447-7016 ₩ 210,000(준성수기 평일)~
@woraksanyh www.woraksan.co.kr

박달권

13 포레스트 리솜 스파휴양의 대표 리조트

관광보다는 휴양에 초점을 맞춘 여행자에게 최적인 숲 속의 힐링 리조트다. 본래의 산자락 지형을 그대로 살려 지었으며, 곳곳에 산책로와 등산로가 조성돼 있다. 탁월한 시설과 프로그램을 갖춘 해브나인스파와 숲 힐링 프로그램으로도 유명하다. 산자락과 마주한 실외 인피니티 스파 풀, 자연의 골짜기에 조성된 밸리스파풀 등이 몸과 마음의 피로를 따뜻하게 풀어준다. 객실은 총 다섯 가지 타입이며, 가장 개수가 많고 인기가 높은 S30 타입 객실의 경우 94.44㎡ (28평) 규모이며 최대 다섯 명까지 이용할 수 있다. 거실, 침실, 온돌방, 욕실 한 개 구조로 가족이나 친구가 함께 머물기 좋다. 2021년, 호텔 형태의 객실동 레스트리가 추가 개장했다. 리조트 내 다양한 레스토랑들도 이용해 볼 것.

제천시 백운면 금봉로 365 043-649-6000
@resom.resort resom.co.kr/forest

M
O

MOVE ON

[그리고 또 다른 이야기들]

堤川名品

Masterwork

M a s t e r w o r k

소나무와 학
Su
41% 200ml

팔도에 고하노라
八
Solti 8
Double IPA

박정우 실크백 공예품

화가 박정우는 실크에 그림을 그리고 디자인, 염색, 바느질을 더해 생활 소품도 만든다. 푸른 빛의 우아하고 기품있는 백은 박정우 염색갤러리에 전시되어 있는 작품이다.

박정우염색갤러리

043-644-4051

전통 빗자루 공예품

대한민국 단 한 곳, 전통 빗자루의 명맥을 잇는 이동균 명장의 빗자루다. 쓰임새도 훌륭하지만 문화적 가치가 돋보이는 아름다운 작품이다.

광덕빗자루공예사

043 647 1535

소나무와 학 43% 일반증류주

전통 증류주를 빚는 방식으로 오대쌀을 발효 숙성 후 감압증류방식으로 증류하고 황기, 당귀 등 약초에 침출하여 1년 이상 장기 숙성했다. 약초향이 은은히 퍼지는 깔끔한 맛의 전통 증류주다. 2016년 대한민국 우리술품평회 일반증류주 부분에서 대상을 수상했다. 100년 전통의 양조장 용두산조은술에서 생산한 술이다.

043-647-2333

수 Su 41% 일반증류주

동의보감에 의거한 최고의 음위치료용 처방으로 인삼을 비롯한 25가지의 약재를 증류주에 침출,숙성하여 만들었다. 힘있는 타이포그래피는 도올 김용옥 선생의 작품이다. 제천의 대표적인 한방기업 대보명가에서 생산한다.

043-643-3050

솔티에잇(8) ABV 8.0%, 더블 IPA

IPA에 홉을 더 넣은 더블 IPA 스타일로 강렬한 아로마와 묵직한 몰트가 뒷받침을 해준다. 제천에서 항일의병항쟁을 주도한 '의암 유인석 의병' 을 기리기 위해 만든 맥주로 '팔도에 고하노라'를 부제로 채택했다. 봉양읍 솔티마을에 자리잡은 뱅크크릭 브루잉에서 생산하는 수제맥주.

043-646-2337

승검초단자 전통떡

식품명인52호 이연순 명인이 지역 특산물인 약초를 이용해 만든 떡이다. 조상들이 당귀잎인 승검초를 넣어서 떡을 만들었단 기록에 의거해 승검초단자를 재현하고 있다.

이연순향토음식개발연구원

043-645-3050

The Happiest People

덕업일치를 이룬 은둔 고수들

사방이 산으로 둘러싸인 '은둔'의 고장이어서일까? 내공이 깊은 고수들을 여럿 만난 후 이 고장은 '몰입'하기 좋은 곳이 아닐까 하는 생각이 들었습니다. 좋아서 시작한 놀이가 본업이 된 진성 덕후들을 만나보실까요?

보이차 덕후

한국차문화박물관 권진혁 관장

한국차문화박물관 권진혁 원장은 진정한 '보이차 덕후'다. "1970년대 학생 시절부터 차를 좋아해 녹차를 마셨는데, 가끔 배탈이 났어요. 차를 제대로 즐기려면 깊이 알고 마셔야겠다는 생각에 그때부터 공부하기 시작했죠" 본업이 있었지만, 1994년부터는 차의 본거지인 중국을 본격적으로 오가며 차 생산과 차 문화 교류에 본격적으로 매진하기 시작했다. 특히 '차 중의 차'라는 보이차에 빠져 현지인들과 교류를 시작했다. 그 과정에서 차에 관련한 물품들을 하나하나 수집하게 되고, 차와 함께 한 시간은 어느새 그를 전문가의 경지로 이끌었다. 그의 차에 대한 몰입의 역사와 차, 그리고 문화를 사람들과 나누고자 연 것이 바로 '한국차문화박물관'이다. 각종 차, 차 도구를 비롯한 생활용품과 예술품이 가득한 박물관 전시실에는 소더비 경매에서 5~6천만 원에 거래되는 1950년대의 차도 있고, 2008년 베이징 올림픽 기념차도 있다. 단 한 명의 방문객이 와도 그는 직접 모든 전시실을 안내하며 상세히 설명해 준다. 전시실을 둘러보고 나면 손님과 마주 앉아 차를 내리는 시간, 단 한 명의 방문자도 반드시 직접 안내하고 차를 내려주는 것이 원칙이다. 그가 부재중일 땐 아내가 빈자리를 채운다. 처음엔 박관장의 차 사랑을 부담스럽게 여겼던 아내도 지금은 차 사랑에 푹 빠져 든든한 조력자가 됐다고 한다. 향 좋은 차에 물을 부어 찻잎들이 풀어주도록 잠시 기다렸다가 첫 잔은 따라 버린다. 다시 따뜻한 물을 부어 차를 우려내는 우아한 동작이 이어지는 동안 그는 차와 차 도구에 관한 흥미로운 이야기를 건넨다. 아이들이 오면 두꺼비나 거북이 모양의 차 도구를 활용해, 물줄기를 뿜어낸다. 아이들은 쉴 새 없이 까르르 웃음을 터뜨린다. "다도 문화가 오랜 시간 전해 내려오는 과정에서 형식에 치중해 엄격하고 지루해진 면이 있지만, 원래 차를 마신다는 것은 즐거운 담소가 오가는 시간입니다."라고 말한다.

맥주 덕후
뱅크크릭 브루어리 홍성태 대표

'솔티마을'에서 벨기에식 수제 맥주를 만드는 솔티맥주 양조장의 홍성태 대표의 이력을 들으면 누구나 깜짝 놀란다. 양조와는 관련 없어 보이는 IT 업계에서 일을 시작해 전세계를 무대로 활동했다. 이후 중동에서 머물며 도청 · 감청 · 폭발물 탐지 등에 관련한 대테러 컨설턴트로 일했다는 것도 흥미로운 이력이다. 큰 책임을 짊어진 것에 대한 스트레스를 풀어준 것이 맥주! 맥주 맛을 알게 되자, 한 가지에 빠지면 제대로 몰입하는 습성이 발휘돼 소위 '맥덕'이 됐고, 출장이나 여행을 갈 때마다 가까운 양조장을 찾아가 견학과 시음에 몰두했다. 집중과 긴장이 요구되는 대테러 컨설팅을 맡는 게 부담이 되기 시작할 무렵, IT 기술과 시장 상황도 숨가쁘게 바뀌기 시작했다. "제가 가장 좋아하는 맥주로 제2의 직업을 가져봐야겠다는 생각이 들기 시작했어요. 때마침 아내가 주말농장에 푹 빠져서 제천에 자주 오가게 됐고, 저도 자연스레 제천에서 살아보고 싶어졌죠." 2015년 '소나무가 많은 언덕'이라는 뜻의 솔티마을(봉양읍)에 '뱅크크릭브루잉'을 설립했다. 진정한 국산 수제맥주를 만들어보고 싶은 마음에 까다롭고 복잡한 과정을 견디며 홉 재배도 시도해 2016년 첫 솔티 맥주를 출시하고 '코리안에일'이라는 글자를 당당히 새겨 넣었다. 국내산 몰트도 시도해 국산 몰트 50% 맥주를 만든 것도 성과다. 2019년 청와대에서 열린 '한 · 벨기에 정상회담' 청와대 만찬에도 올랐다.

'솔티8'은 레이블에 '팔도에 고하노라'라는 문구가 담겨 있어서 많은 이들의 궁금증을 자아낸다. 제천 출신 의병장인 의암 류인석 장군을 기리는 맥주다. 도수는 8도이고, 더블 IPA(인디아페일에일)로 깊은 향과 묵직한 무게감과 쌉쌀한 맛이 입에 오래 감돌아 많은 이들이 좋아한다고. 이 밖에도 벨기에 농주 스타일(세종)인 '솔티 봄'도 있다. 알코올 도수 4.8%인데 농주로 마실 수 있는 맥주이기 때문에 도수를 낮게 했다. '배론트리펠'도 스토리가 있다. 벨기에서는 수사들이 직접 만든 술을 '트라피스트'라 부르는데, '배론트리펠'은 트라피스트는 아니고, 수도원 스타일의 맥주다. 트리펠은 3번 발효시켰다는 의미이며 제조시간만 45일이 걸린다고. 특별한 것은 판매 수익금으로 퇴임 수녀님과 장애인 복지지설을 돕는다. 양조장을 설립한지 어느덧 11년, 그가 이렇게 끈임없이 열정을 뿜어내는 원동력은 무엇일까? "하고 싶은 일을 하니까요." 답은 간단하다. 더 나이가 들면 국산 재료로 코리안 위스키를 만들어서 친구들과 한 잔 하는 것이라고.

Editor 조은영 Photographer 김경수

The Souvenir

여 행 을 기 억 하 는 법

건강한 여행을 하면 이후에도 건강한 라이프스타일을 유지하고 싶은 법.
한방 도시에 어울리는 쇼핑 리스트.

①

약초베개 / 한방샴푸 세트

제천몰, 약초생활건강

자연서 땀 많이 흘리거나 불면증이 있는 이들에게 좋은 베게다. 속에는 억새칩과 약초주머니가 들어 있고 겉지는 황토로 염색해 피부 트러블이 없으며 혈압강하, 뇌기능 촉진, 집중력, 긴장이나 불안 완화에 도움이 된다. 당귀, 감초 등 15가지 약초 추출물이 함유된 샴푸는 가늘고 힘없는 모발에 영양을 공급한다. 둘다 산야초마을에 자리한 약초생활건강사의 제품이다. 샴푸 50,000원, 베개 68,000원
문의 043 650 3336

②

보이차 세트

한국차문화박물관

보이차의 모든 것, 한국차문화박물관에서 판매하고 있는 생차 보이차 세트다. 8g씩 포장되어 있어 초보자라도 가정에서 쉽고 편안하게 즐길 수 있다. 한 알 넣고 뜨거운 물을 지속적으로 부어 마시면서 몸과 마음을 어루만진다. 건강한 하루를 챙길 수 있으니 귀한 분 선물로도 좋다. 온라인에서도 구입가능하다. 보이차 생차 9알(용주)75,000원, 18알 140,000원

③

황기차 티백세트

본초다담, 제천몰

기를 보해주는 한약재인 황기가 함유된 티백이다. 황기가 60%, 헛개나무, 둥글레, 감초 등을 넣어 맛도 좋다. 50개 티백이 한 박스로 포장되어 있으며 제천몰에서도 구입이 가능하다. 시내 2곳에 있는 본초다담 카페에 들러 족욕도 즐기고 황기차도 시음해 보면 어떨지? 티백 50매, 10,000원
문의 043-645-2330

④

무릎진액. 꿀먹은 도라지청

청년농부들

꿀먹은 도라지청은 1회용 스틱에 담겨져 있어 편리하게 먹을 수 있어 인기가 좋다. 국내산 도라지의 깊은 맛과 단맛의 조합에 호불호가 없고보존제나 색소가 들어있지 않아 건강하다. 20개 들이 25,000원.

무릎에 좋은 약초 우슬 진액은 청년농부들의 대표 상품이다. 제천에서 직접 재배하고 가공한 제품으로 효도선물로 좋다. 거부감 없는 단맛이라 먹기도 편하다. 30포 두달치 45,000원

문의 www.muns.co.k 1833-6949

⑤

담금주키트

림 느린감성가게

제천한방바이오엑스포 공원 내, 한방생명과학관 1층에 위치한 림 느린감성가게에서 구입할 수 있는 간편한 담금주키트다. 키트만 구입해도 되지만, 체험을 신청하면 완제품으로 가지고 갈 수 있어서 더 편리하다. 아로마향수, 캔들, 북커버 등의 체험활동도 가능하고, 작가들이 제작한 아름다운 수공예품과 감성 기념품들로 숍이 가득 차 있어 구경하다 보면 기분이 좋아진다. 담금주 키트3종 36,000원

문의 010-7195-5081 @rim170228

⑥

황기된장

한방바이오제천몰

우가네 황기된장은 직접 농사를 지어 생산한 100% 우리 콩에 황기를 첨가하여 전통방식으로 제조, 생산했다. 한식메주 97%, 황기추출액 3%로 무방부제 ,무첨가물로 건강하게 제조되었다. 10도 이하, 건조하고 서늘한 곳에 보관한다. 전통장이지만 세련된 패키징으로 선물용으로도 적합하다며 먹어본 이들의 재구매가 이어진다. 짜지 않고 적당히 구수한 정겨운 시골 맛이다. 500g 2개 세트 24,000원

문의 010-5247-4205

⑦

지역 막걸리

지역내 양조장, 수퍼마켓

박달재 생 쌀막걸리, 박달재 생막걸리, 박달재 좁쌀동동주 등을 생산하는 백운양조장은 박달재 부근에, 봉양주조 박달재 생막걸리를 판매하는 봉양양조장은 봉양읍에 있다. 1918년 창업한 대강양조장의 기술력으로 만든 소백산생막걸리와 강냉이막걸리는 용두산조은술이 제조한다. 예쁜 디자인의 도깨비술은 프리미엄 막걸리, 무첨가 탁주 생산자인 도깨비양조장에서 만든다. 양조장은 단양에 위치하지만 의림지 쌀로 만든다. 산아래 막걸리, 호반막걸리는 산아래 식당과 리솜 포레스트 내 별채에서 즐기거나 구입할 수 있다.

Tip

한방바이오 제천몰

한방건강식품, 한방차, 한방화장품 등 다양한 한방 관련 제품을 구비한 제천의 대표 숍이다. 매장은 은 시내 여성도서관 1층에있다. 여행 중 직접 방문하지 못했다면 여행 후 온라인 제천몰에 접속해도 된다.

제천시 독순로 70 / 043-643-4510

10시~19시 (일,월,공휴일 휴무) www.jc-mall.com

MOVE

우리는 여유와 취향이 있는 '지구 여행자'를 위한 콘텐츠를 만듭니다.
〈당신이 모르는 그곳〉이란 제목으로
한 호에 한 지역, 한 도시, 한 마을만 소개하고 있습니다.
여행에 관심있는 사람이라면 누구나 편한 마음으로 구독할 수 있습니다.
근간의 여행을 위해, 또는 언젠가 떠날 꿈의 여행을 위해 소장하시기 바랍니다.

MOVE DESTINATION ABROAD

해외 여행 시리즈입니다. 총 9권이 발행되었으며
앞으로도 흥미로운 여정은 계속됩니다.

Vol. 1
BATANES

VOL. 2
SICILY

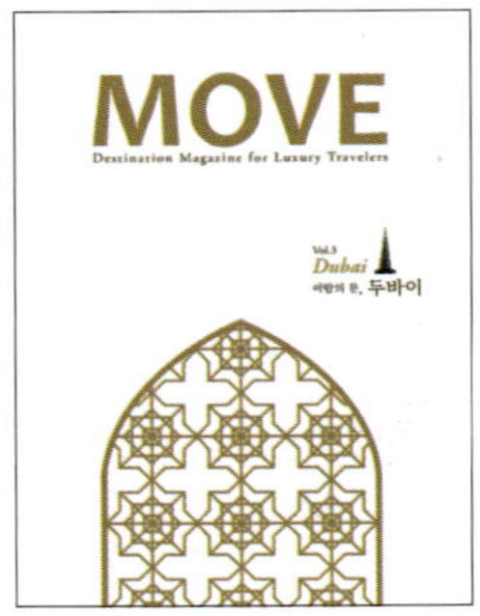

VOL. 3
DUBAI

VOL. 4
MAURITIUS

VOL. 5
NEW CALEDONIA

VOL. 6
LOMBOK

VOL. 7
SIBERIA

VOL. 8
MALTA

VOL. 9
UZBEKISTAN

MOVE DESTINATION KOREA

국내 여행 시리즈는 '당신이 모르는 그곳' 이라는 부제로 발행하고 있습니다.

VOL. 1
JEJU ISLAND

VOL. 2
ANDONG

VOL. 3
GORYEONG

VOL. 4
GWANGJU

VOL. 5
JECHEON

VOL.6
SEOUL

VOL. 7
HAPCHEON

VOL. 8
MAY GWANGJU

VOL. 9
YEONGWOL

VOL. 10
TONGYEONG

VOL. 11
TAEBAEK

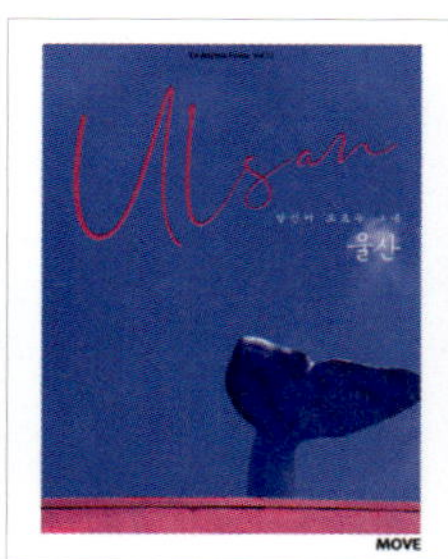

VOL. 12
ULSAN

VOL. 13
BOSEONG

VOL. 14
SOKCHO

VOL. 15
YANGYANG

MOVE 는 결국 사람을 여행합니다.

여행을 사랑하는 마케팅 · 출판 기획사 (주)어라운더월드가 발행하는
〈당신이 모르는 그곳〉시리즈는 *MOVE*의 첫번째 정체성입니다.
무브숍에서는 *MOVE*의 모든 출판물과 지역 명품 소개, 여행 이벤트 등
다양하고 흥미로운 활동을 지켜보실 수 있습니다.

www.conciergeseoul.co.kr (무브숍) 02-3477-7046 movemagazine01@gmail.com
movemagazine_official www.movemagazine.co.kr

Subscription & Staff

구독 문의

〈당신이 모르는 그곳〉은 여행하는 삶을 응원하는 시리즈 도서입니다.

검색창에 '당신이 모르는 그곳'으로 검색하면
당신이 선호하는 온라인 서점에서 책을 구매할 수 있습니다.
1권당 20,000원/ 과거 발행물은 18,000원

직접 구매를 원하시면 〈무브숍〉 홈페이지나 스마트스토어를 통해 주문하시면 됩니다.
02-3477-7046
www.conciergeseoul.co.kr
smartstore.naver.com/moveshoporiginal
SC제일은행 385-20-186606 예금주 컨시어지서울

STAFFS

Publisher & Editor-in-Chief
조은영 Cho Eun Young
Editor
나보영 Na Bo Young
Contributing Writer
정리나 Lena Jung 정원선 Jung Wonsun
Art Director
조민주 Katie
Photographer
이규열 Lee Kyu Yeol 김경수 Kim Kyung Soo
Co-operation
제천시청 관광과

ISBN 979-11-89647-36-0 **발행** (주) 어라운더월드 02-3477-7046 | 서울 서초구 사평대로18길 23, 101호 **발행일** 2026년 1월 **인쇄** (주) 제일프린테크 02-2068-7305

A Journey

TO THE UNKNOWN

당신이 모르는 그곳,
제천

MOVE